天津市地铁及隧道工程预算基价

DBD 29-403-2020

天津市住房和城乡建设委员会
天津市建筑市场服务中心　主编

中国计划出版社

图书在版编目（CIP）数据

天津市地铁及隧道工程预算基价 / 天津市建筑市场服务中心主编. -- 北京 : 中国计划出版社, 2020.12
ISBN 978-7-5182-1121-0

Ⅰ. ①天… Ⅱ. ①天… Ⅲ. ①地铁隧道－隧道施工－建筑预算定额－天津 Ⅳ. ①U459.1

中国版本图书馆CIP数据核字(2020)第005151号

天津市地铁及隧道工程预算基价

DBD 29-403-2020
天津市住房和城乡建设委员会
天津市建筑市场服务中心　主编

中国计划出版社出版发行
网址：www.jhpress.com
地址：北京市西城区木樨地北里甲 11 号国宏大厦 C 座 3 层
邮政编码：100038　电话：(010)63906433(发行部)
三河富华印刷包装有限公司印刷

850mm × 1168mm　横 1/16　26.25 印张　800 千字
2020 年 12 月第 1 版　2020 年 12 月第 1 次印刷
印数 1—1000 册

ISBN 978-7-5182-1121-0
定价：260.00 元

天津市住房和城乡建设委员会

津住建建市函〔2020〕30号

市住房城乡建设委关于发布2020《天津市建设工程计价办法》和天津市各专业工程预算基价的通知

各区住建委，各有关单位：

根据《天津市建筑市场管理条例》和《建设工程工程量清单计价规范》，在有关部门的配合和支持下，我委组织编制了2020《天津市建设工程计价办法》和《天津市建筑工程预算基价》、《天津市装饰装修工程预算基价》、《天津市安装工程预算基价》、《天津市市政工程预算基价》、《天津市仿古建筑及园林工程预算基价》、《天津市房屋修缮工程预算基价》、《天津市人防工程预算基价》、《天津市给水及燃气管道工程预算基价》、《天津市地铁及隧道工程预算基价》以及与其配套的各专业工程量清单计价指引和计价软件，现予以发布，自2020年4月1日起施行。2016《天津市建设工程计价办法》和天津市各专业工程预算基价同时废止。

特此通知。

2020年3月10日

主编部门： 天津市建筑市场服务中心

批准部门： 天津市住房和城乡建设委员会

专 家 组： 杨树海　宁培雄　兰明秀　李庆河　陈友林　袁守恒　马培祥　沈　萍　王海娜　潘　昕　程春爱　焦　进
杨连仓　周志良　张宇明　施水明　李春林　邵玉霞　柳向辉　张小红　聂　帆　徐　敏　李文同

综 合 组： 高　迎　赵　斌　袁永生　姜学立　顾雪峰　陈召忠　沙佩泉　张绪明　杨　军　邢玉军　戴全才

编制人员： 于会逢　张绪明　黄丽艳　陈淑伟　邵玉霞　李建婷　张小红　赵素敏　林　坚

费 用 组： 邢玉军　张绪明　关　彬　于会逢　崔文琴　张依琛　许宝林　苗　旺

电 算 组： 张绪明　于　堃　张　桐　苗　旺

审　　定： 杨瑞凡　华晓蕾　翟国利　黄　斌

发　　行： 倪效聃　贾　羽

目　　录

第三章　地下结构工程

第四章　轨 道 工 程

第五章　信 号 工 程

第六章　人 防 工 程

第七章　组织措施费

附　录

总 说 明

一、天津市地铁及隧道工程预算基价(以下简称“本基价”)是根据国家和本市有关法规、标准、规范等相关依据,按正常的施工工期和生产条件,考虑常规的施工工艺、合理的施工组织设计,结合本市实际编制的。本基价是完成单位合格产品所需人工、材料、机械台班及相应费用的基本标准,反映了社会平均水平。

二、本基价适用于天津市行政区域内新建与扩建的地铁及隧道工程。

三、本基价是编制估算指标、概算定额和初步设计概算、施工图预算、竣工结算、招标控制价的基础,是建设项目投标报价的参考。

四、本基价各子目中的预算基价由人工费、材料费和机械费组成。基价中的工作内容为主要施工工序,次要施工工序虽未做说明,但基价中已考虑。

五、本基价适用于采用一般计税方法计取增值税的地铁及隧道工程,各子目中材料和机械台班的单价为不含税的基期价格。

六、本基价人工费的规定和说明:

1.人工消耗量以现行《市政工程劳动定额》《市政工程消耗量定额》《城市轨道交通工程预算定额》为基础,结合本市实际确定,包括施工操作的基本用工、辅助用工,并考虑了材料在施工现场的超运距用工及人工幅度差。人工效率按8小时工作制考虑。

2.人工单价是根据《中华人民共和国劳动法》的有关规定,参照编制期天津市建筑市场劳动力价格水平综合测算的,按技术含量分为三类:一类工每工日153元;二类工每工日135元;三类工每工日113元。

3.人工费是支付给从事建筑工程施工的生产工人和附属生产单位工人的各项费用以及生产工具用具使用费,其中包括按照国家和本市有关规定,职工个人缴纳的养老保险、失业保险、医疗保险及住房公积金。

七、本基价材料费的规定和说明:

1.材料包括主要材料、次要材料和零星材料,主要材料和次要材料为构成工程实体且能够计量的材料、成品、半成品,按品种、规格列出消耗量;零星材料为不构成工程实体且用量较小的材料,以“元”为单位列出。

2.材料费包括主要材料费、次要材料费和零星材料费。

3.材料消耗量均按合格的标准规格产品编制,包括正常施工消耗和材料从工地仓库、现场集中堆放或加工地点运至施工操作、安装地点的堆放和运输损耗及不可避免的施工操作损耗。

4.当设计要求采用的材料、成品或半成品的品种、规格型号与基价中不同时,可按各章规定调整。

5.材料价格按本基价编制期建筑市场材料价格综合取定,包括由材料供应地点运至工地仓库或施工现场堆放地点的费用和材料的采购及保管费。材料采购及保管费包括施工单位在组织采购、供应和保管材料过程中所需各项费用和工地仓库的储存损耗。

6.工程建设中部分材料由建设单位供料,结算时退还建设单位所购材料的材料款(包括材料采购及保管费),材料单价以施工合同中约定的材料价格为准,材料数量按实际领用量确定。

7.周转材料按摊销量编制,且已包括回库维修等相关费用。

8.本基价部分材料或成品、半成品的消耗量带有括号,并列于无括号材料消耗量之前,表示该材料未计价,基价总价未包括其价值,计价时应以括号中的消耗量乘以其价格计入本基价的材料费和总价中；列于无括号材料消耗量之后，表示基价总价和材料费中已经包括了该材料的价值，括号内的材料不再计价。

9.材料消耗量带有“×”号的，“×”号前为材料消耗量，“×”号后为该材料的单价。数字后带有“()”号的，“()”号内为规格型号。

八、本基价机械费的规定和说明：

1.机械台班消耗量是按照正常的施工程序、合理的机械配置确定的。

2.机械台班单价按照《建设工程施工机械台班费用编制规则》及《天津市施工机械台班参考基价》确定。

3.凡单位价值2000元以内，使用年限在一年以内不构成固定资产的施工机械，不列入机械台班消耗量，作为工具用具在企业管理费中考虑，其消耗的燃料动力等已列入材料内。

九、凡纳入重大风险源风险范围的分部分项工程均应按专家论证的专项方案另行计算相关费用。

十、施工用水、电已包括在本基价材料费和机械费中，不另计算。施工现场应由建设单位安装水、电表，交施工单位保管和使用，施工单位按表计量，按相应单价计算后退还建设单位。

十一、本基价凡注明“××以内”或“××以下”者，均包括××本身，注明“××以外”或“××以上”者，均不包括××本身。

十二、本基价材料、机械和构件的规格，用数值表示而未说明单位的，其计量单位为“mm”；工程量计算规则中，凡未说明计量单位的，按长度计算的以“m”为计量单位，按面积计算的以“m^2”为计量单位，按体积计算的以“m^3”为计量单位，按质量计算的以“t”为计量单位。

第一章　路基、围护结构及地基处理工程

说　　明

一、本章包括明挖土方，带支撑基坑土方，回填、夯实，土方及泥浆运输，滤沟、滤层，地下连续墙，水泥劲性搅拌围护桩，套管钻孔咬合灌注桩，围护结构圈梁，地基处理，打桩11节，共110条基价子目。

二、沟槽、基坑和一般土方的划分：底宽7m以内，底长大于底宽3倍以上的为沟槽；底长小于底宽3倍以内，底面积在$150m^2$以内的为基坑；厚度在300mm以内就地挖、填土为平整场地。超过上述范围按挖土方计算。

三、土壤及岩石类别的鉴别方法如下表：

土壤及岩石类别鉴别表

类别	土壤、岩石名称及特征	鉴别方法		
		极限压碎强度（kg/cm^2）	用轻钻孔机钻进1m耗时（min）	开挖方法及工具
一般土	1.潮湿的黏性土或黄土； 2.软的盐土和碱土； 3.含有建筑材料碎料或碎石、卵石的堆土和种植土； 4.中等密实的黏性土和黄土； 5.含有碎石、卵石或建筑材料碎料的潮湿的黏性土或黄土			用尖锹并同时用镐开挖
砂砾坚土	1.坚硬的密实黏性土或黄土； 2.含有碎石、卵石（体积占10%～30%、质量在25kg以内的石块）中等密实的黏性土或黄土； 3.硬化的重壤土			全部用镐开挖，少许用撬棍开挖
松石	1.含有质量在50kg以内的巨砾； 2.占体积10%以外的冰渍石； 3.矽藻岩、软白垩岩、胶结力弱的砾岩、各种不结实的片岩及石膏	＜200	＜3.5	部分用手凿工具，部分用爆破方法开挖
次坚石	1.凝灰岩、浮石、松软多孔和裂缝严重的石灰岩、中等硬变的片岩或泥灰岩； 2.石灰石胶结的带有卵石和沉积岩的砾石、风化的和有大裂缝的黏土质砂岩、坚实的泥板岩或泥灰岩； 3.砾质花岗岩、泥灰质石灰岩、黏土质砂岩、砂质云母片岩或硬石膏	200～800	3.5～8.5	用风镐和爆破方法开挖
普坚石	1.严重风化的软弱的花岗岩、片麻岩和正长岩、滑石化的蛇纹岩、致密的石灰岩、含有卵石、沉积岩的渣质胶结的砾岩； 2.砂岩、砂质石灰质片岩、菱镁矿、白云石、大理石、石灰胶结的致密砾石、坚固的石灰岩、砂质片岩、粗花岗岩； 3.具有风化痕迹的安山岩和玄武岩、非常坚固的石灰岩、硅质胶结的含有火成岩之卵石的砾岩、粗石岩	800～1600	8.5～22.0	用爆破方法开挖

四、场地竖向布置挖填土方时，不再计算平整场地工程量。

五、带支撑基坑开挖项目适用于有横支撑的深基坑开挖。子目中已包括土壤渗水及天然降水的排除，若需采用井点降水，费用另行计算。带支撑基坑土方项目以盖挖顶板下表面划分，顶板下表面以上的土方执行明挖土方相应子目，顶板下表面以下的土方执行带支撑基坑土方相应子目。

六、地下连续墙成槽的护壁泥浆是按普通泥浆编制的，若需重晶石泥浆时，可进行调整；钢筋笼制作包括台模摊销费。

七、地下连续墙项目未包括泥浆池的制作、拆除，发生时根据施工组织设计另行计算；泥浆使用后的废浆运弃执行本章相应子目。

八、钻孔咬合桩导墙执行地下连续墙导墙相应子目。

九、分层注浆、压密注浆的浆体材料用量可按设计含量调整。

十、打桩项目均为打直桩，如打斜桩（包括俯打、仰打）斜率在1∶6以内时，人工消耗量乘以系数1.33，机械消耗量乘以系数1.43。

十一、打板桩项目中均已包括打、拔导向桩内容。

十二、送桩项目按送4m为界，如实际超过4m时，人工及机械消耗量按相应项目乘以下列调整系数：

1.送桩5m以内乘以系数1.20。

2.送桩6m以内乘以系数1.50。

3.送桩7m以内乘以系数2.00。

4.送桩7m以上，以调整后7m为基础，每超过1m递增系数0.75。

工程量计算规则

一、土方的开挖及运输工程量均按设计图示尺寸天然密实体积计算。

二、带支撑基坑土方工程量按围护结构内围尺寸乘以设计结构顶板底至底板(或垫层)底的高度以体积计算。

三、填土夯实与碾压按设计图示回填体积计算。土方体积换算如下表:

土方体积换算表

虚方体积	天然密实度体积	夯实后体积	松散体积
1.00	0.77	0.67	0.83
1.20	0.92	0.80	1.00
1.30	1.00	0.87	1.08
1.50	1.15	1.00	1.25

四、滤沟按设计图示尺寸以体积计算,滤层区分不同厚度按设计图示尺寸以体积计算。

五、地下连续墙浇筑混凝土工程量按连续墙的中心线长度乘以高度(加超灌高度)再乘以厚度以体积计算。超灌高度设计有规定者,按设计要求计算,无规定者,按1倍墙厚计算。

六、锁口管吊拔及清底置换按设计图示连续墙的单元以"段"为单位计算,其中清底置换按连续墙设计段数计算,锁口管吊拔按连续墙段数加1段计算。

七、水泥劲性搅拌围护桩按围护桩设计截面面积乘以设计长度以体积计算。

八、钻孔咬合桩按设计图示尺寸以体积计算。

九、围护结构圈梁按设计图示结构断面面积乘以设计长度以体积计算。

十、分层注浆、压密注浆钻孔按设计深度计算。注浆数量按下列规定计算:

1.设计图纸明确加固土体体积的,按设计图纸注明的体积计算。

2.设计图纸以布点形式图示土体加固范围的,则按两孔间距的一半作为扩散半径,以布点边线各加扩散半径,形成计算平面计算注浆体积。

3.如果设计图纸注浆点在钻孔灌注桩之间,按两注浆孔的一半作为每孔的扩散半径,以此圆柱体积计算注浆体积。

十一、高压旋喷水泥桩按设计桩长加50cm乘以设计桩外径截面积以体积计算。

十二、深层水泥搅拌桩区分喷浆、喷粉、空桩按设计加固深度计算。

十三、打桩:

1.钢筋混凝土桩按桩长(包括桩尖长度)乘以桩截面面积以体积计算,不包括管桩空心部分的体积。

2.钢管桩按设计长度(设计桩顶到桩底标高)、管径、壁厚以质量计算。

十四、接桩：

1.方桩按设计图纸以数量计算，焊接桩的型钢用量可按设计图纸调整。

2.管桩、钢管桩接桩以数量计算。

十五、送桩：

1.钢筋混凝土桩按桩截面面积乘以送桩高度(送桩起始点以下至设计桩顶面的距离)以体积计算。

2.送桩起始点为原地面平均标高以上0.5m处。

十六、钢管桩内切割、精割盖帽以数量计算。

1.明 挖 土 方

(1) 人工挖土方、淤泥、流沙

工作内容: 1.人工土方包括挖、装、运土和修理底边。2.挖淤泥、流沙包括挖、装淤泥、流沙,修理底边。3.人工挖基坑包括挖土、装土或槽边堆放,修理底边。

编号	项目			单位	预算基价		人工
					总价	人工费	综合工
					元	元	工日
							113.00
1-1	人工挖土方	深度4m以内	一般土	$10m^3$	**491.55**	491.55	4.35
1-2	人工挖土方	深度4m以内	砂砾坚土	$10m^3$	**727.72**	727.72	6.44
1-3	挖淤泥、流沙			$10m^3$	**1243.00**	1243.00	11.00
1-4	人工挖基坑	深度2m以内	一般土	$10m^3$	**541.27**	541.27	4.79
1-5	人工挖基坑	深度2m以内	砂砾坚土	$10m^3$	**1105.14**	1105.14	9.78

（2）机械挖土方

工作内容： 1.挖土，清理机下余土，清底洗坡和工作面内排水。2.挖、装淤泥、流沙。

编号	项目		单位	预算基价			人工	机械	
				总价	人工费	机械费	综合工	推土机	挖掘机
				元	元	元	工日	台班	台班
							113.00	835.04	1059.67
1-6	挖土机挖土	一般土	$1000m^3$	**4804.56**	1789.92	3014.64	15.84	0.260	2.640
1-7	挖土机挖土	砂砾坚土	$1000m^3$	**6356.73**	2366.22	3990.51	20.94	0.350	3.490
1-8	挖淤泥、流沙		$1000m^3$	**12846.26**	3743.69	9102.57	33.13		8.590

2.带支撑基坑土方

工作内容：机械挖土，人工清理，挖支撑下土体，土方倒运至地面堆放，挖引水沟、土壤渗水排除，人工修整底边坡等。

编号	项目		单位	预算基价			人工	机械				
				总价	人工费	机械费	综合工	履带式推土机 105kW	履带式单斗液压挖掘机 $0.6m^3$	履带式起重机 15t	履带式起重机 25t	污水泵 100mm
				元	元	元	工日	台班	台班	台班	台班	台班
							113.00	1027.82	825.77	759.77	824.31	108.13
1-9	宽 15m 以内	深 7m 以内	m^3	**25.91**	9.04	16.87	0.08	0.003	0.005	0.011		0.012
1-10		深 11m 以内		**33.12**	11.30	21.82	0.10	0.003	0.006	0.016		0.015
1-11		深 15m 以内		**47.09**	15.82	31.27	0.14	0.004	0.012	0.020		0.019
1-12		深 19m 以内		**59.94**	20.34	39.60	0.18	0.004	0.017		0.023	0.023
1-13		深 19m 以外		**73.14**	24.86	48.28	0.22	0.004	0.022		0.028	0.027
1-14	宽 15m 以外	深 7m 以内		**25.49**	7.91	17.58	0.07	0.003	0.005		0.011	0.012
1-15		深 11m 以内		**34.15**	11.30	22.85	0.10	0.003	0.006		0.016	0.015
1-16		深 15m 以内		**48.38**	15.82	32.56	0.14	0.004	0.012		0.020	0.019
1-17		深 19m 以内		**59.94**	20.34	39.60	0.18	0.004	0.017		0.023	0.023
1-18		深 19m 以外		**73.14**	24.86	48.28	0.22	0.004	0.022		0.028	0.027

3.回填、夯实

工作内容：1.摊铺、碎土、平整、夯实。2.回填、推平、碾压。

编号	项目	单位	预算基价				人工	材料	机械			
			总价	人工费	材料费	机械费	综合工	水	履带式推土机 75kW	电动夯实机 250N•m	振动压路机 10t	洒水车 4000L
			元	元	元	元	工日	m^3	台班	台班	台班	台班
							113.00	7.62	904.54	27.11	667.57	477.85
1-19	填土夯实	$10m^3$	**179.89**	158.20		21.69	1.40			0.80		
1-20	填土碾压	$10m^3$	**55.12**	6.78	1.14	47.20	0.06	0.15	0.01		0.05	0.01

4.土方及泥浆运输

(1)机械装车自卸汽车运土方

工作内容：装车、运土、卸土,清理余土。

编号	项目			单位	预算基价			人工	机械			
					总价	人工费	机械费	综合工	轮胎式装载机 $1.5m^3$	履带式推土机 75kW	履带式单斗液压挖掘机 $1m^3$	自卸汽车 12t
					元	元	元	工日	台班	台班	台班	台班
								113.00	674.04	904.54	1159.91	887.23
1-21	装载机装	自卸汽车运土	运距1km以内	$1000m^3$	**7812.37**	824.90	6987.47	7.30	2.440	0.610		5.400
1-22	挖土机装	自卸汽车运土	运距1km以内	$1000m^3$	**9324.82**	960.50	8364.32	8.50		0.480	1.920	6.428
1-23	每增加1km			$1000m^3$	**1738.97**		1738.97					1.960

(2) 泥 浆 运 输

工作内容： 装卸泥浆，清理现场等全部操作过程。

编号	项目	单位	预算基价 总价	预算基价 人工费	预算基价 机械费	人工 综合工	机械 泥浆罐车 5000L	机械 泥浆泵 50mm
			元	元	元	工日	台班	台班
						135.00	511.90	43.76
1-24	运距 5km 以内	$10m^3$	**1775.69**	986.85	788.84	7.31	1.488	0.620
1-25	每增加 1km	$10m^3$	**69.62**		69.62		0.136	

5.滤沟、滤层

工作内容：挖沟、清沟、配料、铺设。

编号	项目		单位	预算基价 总价	预算基价 人工费	预算基价 材料费	人工 综合工	材料 碎石 40	材料 中粗砂
				元	元	元	工日	m^3	t
							135.00	73.28	86.14
1-26	砂石滤沟		m^3	**351.14**	248.40	102.74	1.84	0.337	0.906
1-27	砂滤层	厚度 100mm 以内	m^3	**173.16**	56.70	116.46	0.42		1.352
1-28	砂滤层	厚度 200mm 以内	m^3	**171.81**	55.35	116.46	0.41		1.352
1-29	砂滤层	厚度 300mm 以内	m^3	**170.46**	54.00	116.46	0.40		1.352

6.地下连续墙

(1)导　　墙

工作内容：1.放样、机械挖土、装车、人工整修、浇捣混凝土基座，沟槽排水。2.混凝土浇筑、振捣、养护等。

编号	项目	单位	预算基价				人工	材料		机械	
			总价	人工费	材料费	机械费	综合工	预拌混凝土 AC20	零星材料费	履带式单斗液压挖掘机 $0.6m^3$	小型机具
			元	元	元	元	工日	m^3	元	台班	元
							135.00	450.56		825.77	
1-30	导墙开挖	m^3	**55.06**	28.35	17.63	9.08	0.21	0.038	0.51	0.011	
1-31	现浇混凝土导墙	m^3	**714.86**	247.05	466.47	1.34	1.83	1.015	9.15		1.34

(2)挖 土 成 槽

工作内容：机具定位，安放跑板导轨，制浆，输送、循环分离泥浆，钻孔，挖土成槽，护壁整修测量，场内运输、堆土。

编号	项目		单位	预算基价				人工	材料		机械						
				总价	人工费	材料费	机械费	综合工	护壁泥浆	零星材料费	自卸汽车 12t	履带式液压抓斗成槽机	履带式绳索抓斗成槽机	超声波测壁机	泥浆泵 100mm	反循环钻机	自卸汽车 4t
				元	元	元	元	工日	m^3	元	台班	台班	台班	台班	台班	台班	台班
								135.00	57.75		887.23	2813.95	3425.79	91.40	204.13	2403.70	491.57
1-32	履带式液压抓斗	槽深 15m以内	m^3	**322.26**	147.15	44.41	130.70	1.09	0.754	0.87	0.033	0.033		0.020	0.033		
1-33	履带式液压抓斗	槽深 25m以内	m^3	**395.84**	166.05	44.41	185.38	1.23	0.754	0.87	0.047	0.047		0.020	0.047		
1-34	履带式液压抓斗	槽深 35m以内	m^3	**476.02**	187.65	44.41	243.96	1.39	0.754	0.87	0.062	0.062		0.020	0.062		
1-35	履带式液压抓斗	槽深 45m以内	m^3	**557.55**	210.60	44.41	302.54	1.56	0.754	0.87	0.077	0.077		0.020	0.077		
1-36	二钻一抓	槽深 25m以内	m^3	**607.57**	183.60	52.96	371.01	1.36	0.908	0.52			0.047	0.020	0.047	0.073	0.047
1-37	二钻一抓	槽深 35m以内	m^3	**744.93**	203.85	52.96	488.12	1.51	0.908	0.52			0.062	0.020	0.062	0.096	0.062

工作内容：1.切断,成型,绑扎,点焊,安装,预埋铁件。2.钢筋笼驳运吊入槽,钢筋笼校正对接,安装护铁、就位、固定。

编号	项目		单位	预算基价 总价	人工费	材料费	机械费	人工 综合工
				元	元	元	元	工日
								135.00
1-38	钢筋笼制作		t	**6360.20**	1593.00	4486.49	280.71	11.80
1-39	钢筋笼安放	槽深 15m以内	t	**738.09**	513.00	92.10	132.99	3.80
1-40	钢筋笼安放	槽深 25m以内	t	**791.77**	513.00	97.49	181.28	3.80
1-41	钢筋笼安放	槽深 35m以内	t	**860.70**	525.15	98.06	237.49	3.89
1-42	钢筋笼安放	槽深 45m以内	t	**973.73**	525.15	98.06	350.52	3.89

制作、安放

材				料		机		械
钢筋 D10以外	铁件 含制作费	电焊条	镀锌钢丝 0.7～0.9	聚苯乙烯硬泡沫塑料	零星材料费	钢筋切断机 40mm	钢筋弯曲机 40mm	交流电焊机 32kV•A
t	kg	kg	kg	m^3	元	台班	台班	台班
3799.94	9.49	7.59	7.37	372.08		42.81	26.22	87.97
1.040	37.980	6.900	2.920	0.150	44.42	0.240	0.130	1.450
	8.526	1.008			3.54			0.282
	8.912	1.208			3.75			0.338
	8.922	1.267			3.77			0.355
	8.922	1.267			3.77			0.355

编号	项目		单位	机械					
				对焊机 75kV•A	履带式起重机 15t	履带式起重机 40t	履带式起重机 60t	履带式起重机 90t	汽车式起重机 12t
				台班	台班	台班	台班	台班	台班
				113.07	759.77	1302.22	1507.29	2634.99	864.36
1-38	钢筋笼制作		t	0.360	0.130				
1-39	钢筋笼安放	槽深 15m以内	t		0.040				0.090
1-40	钢筋笼安放	槽深 25m以内	t			0.050			0.100
1-41	钢筋笼安放	槽深 35m以内	t				0.060		0.134
1-42	钢筋笼安放	槽深 45m以内	t					0.070	0.156

(4)接头处理

工作内容：1.锁口管对接组装，入槽就位，浇捣混凝土过程中上下移动，拔除，拆卸，冲洗，堆放。2.放样，划线，截料，平整，焊接，成品校正，吊装，校正。

编号	项目		单位	预算基价				人工	材料					
				总价	人工费	材料费	机械费	综合工	锁口管	钢丝绳	水	电焊条	板枋材	丁基粘合剂
				元	元	元	元	工日	kg	kg	m^3	kg	m^3	kg
								135.00	5.47	6.67	7.62	7.59	2001.17	28.50
1-43	锁口管吊拔	槽深15m以内	段	**4630.95**	2403.00	301.16	1926.79	17.80	51.910	0.135	1.750			
1-44	锁口管吊拔	槽深25m以内	段	**6075.63**	3094.20	502.51	2478.92	22.92	86.530	0.203	3.000			
1-45	锁口管吊拔	槽深35m以内	段	**7590.59**	3821.85	703.41	3065.33	28.31	121.140	0.271	4.200			
1-46	锁口管吊拔	槽深45m以内	段	**9172.45**	4583.25	903.16	3686.04	33.95	155.751	0.339	5.250			
1-47	工字钢封口	制作	t	**7069.14**	1213.65	5481.08	374.41	8.99				75.910		6.180
1-48	工字钢封口	安装	t	**450.97**	324.00	27.88	99.09	2.40				1.630	0.003	

编号	项目		单位	材料						机械				
				氧气 6m^3	乙炔气	聚苯乙烯硬泡沫塑料	钢板（中厚）	原木	零星材料费	锁口管顶升机	履带式起重机 15t	交流电焊机 42kV•A	交流电焊机 32kV•A	电动空气压缩机 1.0m^3/min
				m^3	kg	m^3	t	m^3	元	台班	台班	台班	台班	台班
				2.88	14.66	372.08	3876.58	1686.44		574.80	759.77	122.40	87.97	52.31
1-43	锁口管吊拔	槽深 15m 以内	段						2.98	0.920	1.840			
1-44	锁口管吊拔	槽深 25m 以内	段						4.98	1.180	2.370			
1-45	锁口管吊拔	槽深 35m 以内	段						6.96	1.460	2.930			
1-46	锁口管吊拔	槽深 45m 以内	段						8.94	1.760	3.520			
1-47	工字钢封口	制作	t	3.585	1.519	1.360	1.060		81.00		0.140	2.160		0.070
1-48	工字钢封口	安装	t					0.005	1.07		0.120		0.090	

(5) 浇筑混凝土连续墙

工作内容：1.地下连续墙接缝清刷，空压机吹气、搅拌、吸泥，清底置换。2.浇捣架就位，导管安装、拆除，混凝土浇筑，吸泥浆入池。

编号	项目	单位	预算基价				人工	材料					机械			
			总价	人工费	材料费	机械费	综合工	预拌混凝土 AC20	水	铁件 含制作费	圆帽螺栓 M4×(25~30)	零星材料费	履带式起重机 15t	泥浆泵 100mm	电动空气压缩机 $0.6m^3/min$	综合机械费
			元	元	元	元	工日	m^3	m^3	kg	套	元	台班	台班	台班	元
							135.00	450.56	7.62	9.49	0.19		759.77	204.13	38.51	
1-49	清底置换	段	**4158.69**	2376.00	104.74	1677.95	17.60					104.74	1.330	2.660	2.660	22.03
1-50	浇筑混凝土	$10m^3$	**6932.03**	1325.70	5555.30	51.03	9.82	12.150	6.000	3.600	5.840			0.250		

7.水泥劲性搅拌围护桩

(1)水泥搅拌桩

工作内容：测量放线，钻机就位，钻进，调制水泥浆，输送压浆，搅拌，提升成桩，清理。

编号	项目		单位	预算基价				人工	材料							机械			
				总价	人工费	材料费	机械费	综合工	水泥 32.5级	枕木	钢筋 D10以内	木质素磺酸钙	石膏	水玻璃	水	水泥搅拌桩机 φ850	灰浆搅拌机 200L	挤压式灰浆输送泵 $3m^3/h$	电动多级离心清水泵 100mm 扬程120m以下
				元	元	元	元	工日	t	m^3	kg	kg	kg	kg	m^3	台班	台班	台班	台班
								135.00	357.47	3457.47	3.97	1.45	1.30	2.38	7.62	762.04	208.76	222.95	159.61
1-51	水泥掺量12%	一喷两搅	m^3	**210.99**	58.05	112.53	40.41	0.43	0.230	0.001	0.412	0.460	4.600	4.600	1.000	0.026	0.051	0.026	0.026
1-52	水泥掺量12%	两喷四搅	m^3	**237.58**	70.20	112.53	54.85	0.52	0.230	0.001	0.412	0.460	4.600	4.600	1.000	0.036	0.073	0.036	0.026
1-53	水泥掺量±1%		m^3	**8.89**		8.89			0.019			0.038	0.384	0.384	0.083				

(2)型 钢 桩

工作内容：准备工作，安装、拆除插桩机具，刷脱模剂，插型钢桩；安装、拆除拔桩机具，拔桩，指定地点堆放，清场、整理。

编号	项目	单位	预算基价				人工	材料						机械			
			总价	人工费	材料费	机械费	综合工	枕木	型钢	电焊条	减摩剂	氧气 6m³	乙炔气	履带式起重机 25t	交流电焊机 32kV·A	液压千斤顶 200t	液压泵车
			元	元	元	元	工日	m^3	t	kg	kg	m^3	kg	台班	台班	台班	台班
							135.00	3457.47	3699.72	7.59	16.17	2.88	14.66	824.31	87.97	11.50	293.94
1-54	插拔型钢桩	t	**1643.02**	168.75	1237.07	237.20	1.25	0.002	0.250	5.165	15.000	2.582	1.094	0.209	0.075	0.368	0.184

8.套管钻孔咬合灌注桩

工作内容：准备钻孔机具，钻孔出渣，导管准备及安装、拆除，搅拌及灌注桩混凝土。

编号	项目	单位	预算基价				人工	材料			机械	
			总价	人工费	材料费	机械费	综合工	垫木	预拌混凝土AC30	铁件含制作费	钻孔咬合桩机	电动多级离心清水泵100mm 扬程120m以下
			元	元	元	元	工日	m^3	m^3	kg	台班	台班
							135.00	1049.18	472.89	9.49	5052.46	159.61
1-55	套管钻孔咬合灌注桩	m^3	**1405.22**	322.65	524.88	557.69	2.39	0.004	1.080	1.050	0.107	0.107

9.围护结构圈梁

工作内容：混凝土浇筑，振捣、养护。

编号	项目	单位	预算基价				人工	材料		机械
			总价	人工费	材料费	机械费	综合工	预拌混凝土 AC30	零星材料费	小型机具
			元	元	元	元	工日	m^3	元	元
							135.00	472.89		
1-56	现浇混凝土圈梁	m^3	**633.81**	145.80	487.17	0.84	1.08	1.020	4.82	0.84

10.地 基 处 理

(1)碎 石 桩

工作内容：施工准备，机具定位，桩管沉入，加料，桩管下压，拔管，机具移位，清理场地。

编号	项目	单位	预算基价				人工	材料		机械		
			总价	人工费	材料费	机械费	综合工	碎石 40	零星材料费	振冲器	履带式起重机 15t	电动单级离心清水泵 100mm
			元	元	元	元	工日	m³	元	台班	台班	台班
							135.00	73.28		238.87	759.77	34.80
1-57	振冲碎石桩 φ800	m³	**359.27**	202.50	103.03	53.74	1.50	1.339	4.91	0.052	0.052	0.052

(2) 分 层 注 浆

工作内容： 1.定位、钻孔，注护壁泥浆，放置注浆阀管。2.配置浆液，插入注浆芯管，分层劈裂注浆，检测注浆效果等。

编号	项目	单位	预算基价				人工	材料							机械		
			总价	人工费	材料费	机械费	综合工	膨润土	塑料注浆管	水	促进剂KA	粉煤灰	水玻璃	水泥42.5级	工程地质液压钻机	泥浆泵50mm	电动灌浆机$3m^3/h$
			元	元	元	元	工日	kg	m	m^3	kg	kg	kg	kg	台班	台班	台班
							135.00	0.39	12.65	7.62	0.61	0.10	2.38	0.41	702.48	43.76	25.28
1-58	钻孔	100m	**4677.62**	1092.15	1794.49	1790.98	8.09	1123.200	100.000	12.000					2.400	2.400	
1-59	注浆	$10m^3$	**635.58**	346.95	278.52	10.11	2.57				103.000	803.000	56.700	1.091			0.400

(3)压 密 注 浆

工作内容：1.定位、钻孔，注护壁泥浆。2.配置浆液，安插注浆管，分段压密注浆，检测注浆效果等。

编号	项目	单位	预算基价				人工	材料				机械		
			总价	人工费	材料费	机械费	综合工	注浆管	粉煤灰	水玻璃	水泥 32.5级	灰浆搅拌机 200L	电动灌浆机 $3m^3/h$	工程地质液压钻机
			元	元	元	元	工日	kg	kg	kg	kg	台班	台班	台班
							135.00	6.06	0.10	2.38	0.36	208.76	25.28	702.48
1-60	钻孔	100m	**4917.91**	2887.65	484.80	1545.46	21.39	80.000						2.200
1-61	注浆	$10m^3$	**498.93**	325.35	89.33	84.25	2.41		700.000	8.000	0.796	0.360	0.360	

(4) 高压旋喷水泥桩

工作内容：插入旋喷管、旋喷水泥浆。

编号	项目	单位	预算基价				人工	材料					
			总价	人工费	材料费	机械费	综合工	水泥 42.5级	水	三乙醇胺	氯化钙	水玻璃	零星材料费
			元	元	元	元	工日	kg	m^3	kg	kg	kg	元
							135.00	0.41	7.62	17.11	1.20	2.38	
1-62	钻孔	100m	**4257.52**	1131.30	93.25	3032.97	8.38						93.25
1-63	单重管	$10m^3$	**2938.29**	749.25	1825.42	363.62	5.55	2550.000	55.000	1.420	94.000	94.000	
1-64	双重管	$10m^3$	**3511.19**	841.05	2015.48	654.66	6.23	3060.000	56.000	1.306	87.098	87.098	
1-65	三重管	$10m^3$	**4360.94**	866.70	2634.33	859.91	6.42	4641.000	57.000	1.153	77.500	77.500	

续前

编号	项目	单位	机械								
			泥浆泵 100mm	工程地质液压钻机	灰浆搅拌机 200L	液压注浆泵 HYB50 50-1型	电动多级离心清水泵 100mm 扬程120m以下	电动空气压缩机 $10m^3/min$	单重管旋喷机	双重管旋喷机	三重管旋喷机
			台班	台班	台班	台班	台班	台班	台班	台班	台班
			204.13	702.48	208.76	219.23	159.61	375.37	624.46	673.67	756.84
1-62	钻孔	100m	3.000	3.000	1.500						
1-63	单重管	$10m^3$			0.300	0.300	0.300		0.300		
1-64	双重管	$10m^3$			0.400	0.400	0.400	0.400		0.400	
1-65	三重管	$10m^3$			0.500	0.500	0.500	0.500			0.500

(5) 深层水泥搅拌桩

工作内容：测量放线，定位钻进，喷浆(粉)，搅拌，提升，调制水泥浆，输送，压浆。

编号	项目	单位	预算基价				人工	材料			机械		
			总价	人工费	材料费	机械费	综合工	水泥 32.5级	水	零星材料费	水泥搅拌桩机 ϕ650	电动空气压缩机 $3m^3/min$	灰浆搅拌机 200L
			元	元	元	元	工日	t	m^3	元	台班	台班	台班
							135.00	357.47	7.62		597.60	123.57	208.76
1-66	喷浆桩体	m	**58.29**	21.60	19.89	16.80	0.16	0.050	0.140	0.95	0.022	0.011	0.011
1-67	喷粉桩体	m	**49.25**	14.85	19.89	14.51	0.11	0.050	0.140	0.95	0.022	0.011	
1-68	空桩	m	**20.00**	9.45		10.55	0.07				0.016	0.008	

11.打　　桩

(1)打钢筋混凝土方桩

工作内容：捆桩、吊桩、就位、打桩、校正,移动桩架,安置或更换衬垫,添加润滑油、燃料,测量、记录等。

编号	项目		单位	预算基价				人工	材料					机械					
				总价	人工费	材料费	机械费	综合工	钢筋混凝土方桩	送桩帽	垫木	白棕绳 $\phi40$	草纸	履带式起重机 15t	履带式柴油打桩机 2.5t	履带式柴油打桩机 5t	履带式柴油打桩机 7t	轨道式柴油打桩机 2.5t	轨道式柴油打桩机 4t
				元	元	元	元	工日	m^3	kg	m^3	kg	kg	台班	台班	台班	台班	台班	台班
								135.00		5.18	1049.18	19.73	2.16	759.77	888.97	1851.16	2029.56	1036.40	1486.81
1-69	$L\leqslant12m$	陆　上	$10m^3$	**1548.90**	649.35	17.47	882.08	4.81	(10.150)	0.733	0.009	0.050	1.500	0.535	0.535				
1-70	$L\leqslant12m$	支架上	$10m^3$	**2112.70**	845.10	17.47	1250.13	6.26	(10.150)	0.733	0.009	0.050	1.500	0.696				0.696	
1-71	$L\leqslant28m$	陆　上	$10m^3$	**1334.13**	418.50	17.47	898.16	3.10	(10.150)	0.733	0.009	0.050	1.500	0.344		0.344			
1-72	$L\leqslant28m$	支架上	$10m^3$	**1744.66**	606.15	17.47	1121.04	4.49	(10.150)	0.733	0.009	0.050	1.500	0.499					0.499
1-73	$L\leqslant45m$	陆　上	$10m^3$	**1239.47**	371.25	17.47	850.75	2.75	(10.150)	0.733	0.009	0.050	1.500	0.305			0.305		

(2) 打钢筋混凝土板桩

工作内容：打拔导桩，安、拆导向夹桩，移动桩架，捆桩、吊桩、就位、打桩、校正，安置或更换衬垫，添加润滑油、燃料，测量、记录等。

编号	项目		单位	预算基价				人工	材料					机械		
				总价	人工费	材料费	机械费	综合工	钢筋混凝土板桩	送桩帽	垫木	白棕绳 $\phi40$	草纸	履带式起重机 15t	履带式柴油打桩机 2.5t	轨道式柴油打桩机 2.5t
				元	元	元	元	工日	m^3	kg	m^3	kg	kg	台班	台班	台班
								135.00		5.18	1049.18	19.73	2.16	759.77	888.97	1036.40
1-74	L≤8m	陆上	10m³	**2292.54**	928.80	102.45	1261.29	6.88	(10.150)	0.733	0.090	0.050	1.500	0.765	0.765	
1-75	L≤8m	支架上	10m³	**3012.91**	1208.25	17.47	1787.19	8.95	(10.150)	0.733	0.009	0.050	1.500	0.995		0.995
1-76	L≤12m	陆上	10m³	**1704.08**	715.50	17.47	971.11	5.30	(10.150)	0.733	0.009	0.050	1.500	0.589	0.589	
1-77	L≤12m	支架上	10m³	**2323.49**	930.15	17.47	1375.87	6.89	(10.150)	0.733	0.009	0.050	1.500	0.766		0.766
1-78	L≤16m	陆上	10m³	**1364.78**	572.40	17.47	774.91	4.24	(10.150)	0.733	0.009	0.050	1.500	0.470	0.470	
1-79	L≤16m	支架上	10m³	**1860.58**	743.85	17.47	1099.26	5.51	(10.150)	0.733	0.009	0.050	1.500	0.612		0.612

(3) 打钢筋混凝土管桩

工作内容： 安拆桩帽，捆桩、吊桩、就位、打桩、校正，移动桩架，安置或更换衬垫，添加润滑油、燃料，测量、记录等。

编号	项目			单位	预算基价				人工	材料					机械				
					总价	人工费	材料费	机械费	综合工	钢筋混凝土管桩	送桩帽	垫木	白棕绳 $\phi40$	草纸	履带式起重机 15t	履带式柴油打桩机 2.5t	履带式柴油打桩机 5t	轨道式柴油打桩机 2.5t	轨道式柴油打桩机 4t
					元	元	元	元	工日	m^3	kg	m^3	kg	kg	台班	台班	台班	台班	台班
									135.00		5.18	1049.18	19.73	2.16	759.77	888.97	1851.16	1036.40	1486.81
1-80	*D*400	*L*≤16m	陆 上	10m^3	**1783.10**	770.85	23.01	989.24	5.71	(10.150)	0.982	0.012	0.050	2.010	0.600	0.600			
1-81	*D*400	*L*≤16m	支架上	10m^3	**2508.35**	1001.70	23.01	1483.64	7.42	(10.150)	0.982	0.012	0.050	2.010	0.826			0.826	
1-82	*D*550	*L*≤24m	陆 上	10m^3	**1576.94**	491.40	30.72	1054.82	3.64	(10.150)	1.349	0.016	0.050	2.760	0.404		0.404		
1-83	*D*550	*L*≤24m	支架上	10m^3	**2057.77**	712.80	30.72	1314.25	5.28	(10.150)	1.349	0.016	0.050	2.760	0.585				0.585

(4) 陆上打钢管桩

工作内容： 安拆桩帽，捆桩、吊桩、就位、打桩、校正，移动桩架，安置或更换衬垫，添加润滑油、燃料，测量、记录等。

编号	项目		单位	预算基价				人工	材料		
				总价	人工费	材料费	机械费	综合工	钢管桩	钢板(中厚)	送桩帽
				元	元	元	元	工日	t	kg	kg
								135.00		3.88	5.18
1-84	ϕ406.40	L≤30m	10t	**4974.11**	2859.30	103.35	2011.46	21.18	(10.100)	20.891	1.794
1-85		L≤50m		**4300.36**	1888.65	51.43	2360.28	13.99	(10.100)	10.445	0.897
1-86		L≤70m		**4050.65**	1787.40	34.58	2228.67	13.24	(10.100)	6.963	0.598
1-87	ϕ609.60	L≤30m		**4214.03**	1991.25	123.59	2099.19	14.75	(10.100)	26.960	2.011
1-88		L≤50m		**3089.30**	1325.70	62.11	1701.49	9.82	(10.100)	13.480	1.005
1-89		L≤70m		**2833.26**	1248.75	41.36	1543.15	9.25	(10.100)	8.987	0.670

续前

编号	项目		单位	材料			机械				
				垫木	白棕绳 $\phi 40$	零星材料费	履带式起重机 15t	履带式柴油打桩机 2.5t	履带式柴油打桩机 5t	履带式柴油打桩机 7t	履带式柴油打桩机 8t
				m^3	kg	元	台班	台班	台班	台班	台班
				1049.18	19.73		759.77	888.97	1851.16	2029.56	2119.25
1-84	ϕ406.40	$L\leqslant 30m$	10t	0.008	0.187	0.92	1.220	1.220			
1-85		$L\leqslant 50m$		0.004	0.093	0.23	0.904		0.904		
1-86		$L\leqslant 70m$		0.003	0.062	0.10	0.799			0.799	
1-87	ϕ609.60	$L\leqslant 30m$		0.005	0.125	0.86	0.804		0.804		
1-88		$L\leqslant 50m$		0.003	0.063	0.21	0.610			0.610	
1-89		$L\leqslant 70m$		0.002	0.042	0.09	0.536				0.536

(5) 接　　桩

工作内容： 1.焊接桩：对接、校正，垫铁片，安角铁、焊接。2.法兰接桩：上下对接、校正，垫铁片、上螺栓、拧紧，焊接。3.钢管桩：准备工具，磨焊接头，上、下节桩对接，焊接。

编号	项目		单位	预算基价				人工	材料				
				总价	人工费	材料费	机械费	综合工	型钢	电焊条	氧气 6m³	乙炔气 5.5～6.5kg	带帽螺栓
				元	元	元	元	工日	kg	kg	m^3	m^3	kg
								135.00	3.70	7.59	2.88	16.13	7.96
1-90	方桩焊接桩		个	**413.64**	136.35	229.65	47.64	1.01	48.000	6.760	0.09	0.03	
1-91	法兰接桩		个	**241.22**	113.40	121.66	6.16	0.84		1.040			3.740
1-92	钢管桩电焊接桩	ϕ406.40	个	**174.58**	89.10	19.75	65.73	0.66			0.46	0.16	
1-93	钢管桩电焊接桩	ϕ609.90	个	**247.23**	95.85	27.91	123.47	0.71			0.52	0.19	

续前

编号	项目		单位	材料					机械					
				砂轮片	导电杆	石油沥青 30#	焊丝 D3.2	零星材料费	汽车式起重机 16t	交流弧焊机 32kV·A	半自动电焊机	风割机	履带式柴油打桩机 2.5t	履带式柴油打桩机 5t
				片	只	kg	kg	元	台班	台班	台班	台班	台班	台班
				5.80	4.50	6.00	6.92		971.12	87.97	88.45	118.15	888.97	1851.16
1-90	方桩焊接桩		个						0.040	0.100				
1-91	法兰接桩		个			14.000				0.070				
1-92	钢管桩电焊接桩	ϕ406.40	个	0.500	0.004		1.720	1.02			0.060	0.060	0.060	
1-93	钢管桩电焊接桩	ϕ609.90	个	0.750	0.007		2.590	1.04			0.060	0.060		0.060

工作内容：准备工具，磨焊接头，上、下节桩对接，焊接。

编号	项目		单位	预算基价				人工	材料	机械			
				总价	人工费	材料费	机械费	综合工	电焊条	履带式起重机 15t	轨道式柴油打桩机 2.5t	轨道式柴油打桩机 4t	交流电焊机 32kV•A
				元	元	元	元	工日	kg	台班	台班	台班	台班
								135.00	7.59	759.77	1036.40	1486.81	87.97
1-94	钢筋混凝土管桩电焊接桩	*D*400	个	**148.09**	25.65	13.97	108.47	0.19	1.840	0.055	0.055		0.110
1-95	钢筋混凝土管桩电焊接桩	*D*550	个	**238.32**	35.10	19.20	184.02	0.26	2.530	0.076		0.076	0.151

(6) 送　桩

工作内容： 安装、拆除送桩帽、送桩杆，打送桩，安置或更换衬垫，添加润滑油、燃料，测量、记录，移动桩架等。

编号	项目		单位	预算基价				人工	材料					机械					
				总价	人工费	材料费	机械费	综合工	送桩帽	垫木	白棕绳 $\phi 40$	钢丝绳	草纸	履带式起重机 15t	履带式柴油打桩机 2.5t	履带式柴油打桩机 5t	履带式柴油打桩机 7t	轨道式柴油打桩机 2.5t	轨道式柴油打桩机 4t
				元	元	元	元	工日	kg	m^3	kg	kg	kg	台班	台班	台班	台班	台班	台班
								135.00	5.18	1049.18	19.73	6.67	2.16	759.77	888.97	1851.16	2029.56	1036.40	1486.81
1-96	方桩（$L\leqslant 12m$）	陆　上	$10m^3$	**1769.85**	730.35	48.61	990.89	5.41	7.724	0.003	0.050	0.022	2.000	0.601	0.601				
1-97	方桩（$L\leqslant 12m$）	支架上	$10m^3$	**2402.26**	949.05	48.61	1404.60	7.03	7.724	0.003	0.050	0.022	2.000	0.782				0.782	
1-98	方桩（$L\leqslant 28m$）	陆　上	$10m^3$	**2691.11**	838.35	48.61	1804.15	6.21	7.724	0.003	0.050	0.022	2.000	0.691		0.691			
1-99	方桩（$L\leqslant 28m$）	支架上	$10m^3$	**3514.68**	1215.00	48.61	2251.07	9.00	7.724	0.003	0.050	0.022	2.000	1.002					1.002
1-100	方桩（$L\leqslant 45m$）	陆　上	$10m^3$	**3432.94**	1027.35	48.61	2356.98	7.61	7.724	0.003	0.050	0.022	2.000	0.845			0.845		

工作内容：安装、拆除送桩帽、送桩杆，打送桩，安置或更换衬垫，添加润滑油、燃料，测量、记录，移动桩架等。

编号	项目		单位	预算基价				人工	材料					机械				
				总价	人工费	材料费	机械费	综合工	送桩帽	垫木	白棕绳 $\phi40$	钢丝绳	草纸	履带式起重机 15t	履带式柴油打桩机 2.5t	履带式柴油打桩机 5t	轨道式柴油打桩机 2.5t	轨道式柴油打桩机 4t
				元	元	元	元	工日	kg	m^3	kg	kg	kg	台班	台班	台班	台班	台班
								135.00	5.18	1049.18	19.73	6.67	2.16	759.77	888.97	1851.16	1036.40	1486.81
1-101	*D*400钢筋混凝土管桩	陆上	$10m^3$	**2651.35**	1109.70	36.35	1505.30	8.22	5.175	0.006	0.050	0.014	1.005	0.913	0.913			
1-102	*D*400钢筋混凝土管桩	支架上	$10m^3$	**3610.20**	1441.80	36.35	2132.05	10.68	5.175	0.006	0.050	0.014	1.005	1.187			1.187	
1-103	*D*550钢筋混凝土管桩	陆上	$10m^3$	**3297.38**	1031.40	49.30	2216.68	7.64	7.106	0.008	0.050	0.019	1.380	0.849		0.849		
1-104	*D*550钢筋混凝土管桩	支架上	$10m^3$	**4309.29**	1494.45	49.30	2765.54	11.07	7.106	0.008	0.050	0.019	1.380	1.231				1.231

(7) 钢管桩内切割

工作内容：准备机具，测定标高，钢管桩内排水，内切割钢管，截除钢管、就地安放。

编号	项目		单位	预算基价				人工	材料		机械	
				总价	人工费	材料费	机械费	综合工	氧气 6m^3	乙炔气 5.5～6.5kg	履带式起重机 40t	内切割机
				元	元	元	元	工日	m^3	m^3	台班	台班
								135.00	2.88	16.13	1302.22	82.92
1-105	内切割	ϕ406.40	根	**277.47**	140.40	26.26	110.81	1.04	3.18	1.06	0.080	0.080
1-106	内切割	ϕ609.60	根	**314.79**	163.35	26.78	124.66	1.21	3.25	1.08	0.090	0.090

(8) 钢管桩精割盖帽

工作内容：准备机具，测定标高划线，整圆，割精，清泥，除锈，安放及焊接盖帽。

编号	项目		单位	预算基价				人工	材料				机械		
				总价	人工费	材料费	机械费	综合工	钢帽 ϕ400	钢帽 ϕ600	焊丝 D3.2	零星材料费	履带式起重机 15t	半自动电焊机	风割机
				元	元	元	元	工日	个	个	kg	元	台班	台班	台班
								135.00			6.92		759.77	88.45	118.15
1-107	精割盖帽	ϕ406.40	个	**293.03**	216.00	13.44	63.59	1.60	(1.000)		1.72	1.54	0.060	0.070	0.100
1-108	精割盖帽	ϕ609.60	个	**366.14**	257.85	19.25	89.04	1.91		(1.000)	2.59	1.33	0.090	0.100	0.100

(9) 钢管桩管内钻孔取土

工作内容：准备钻孔机具，钻机就位，钻孔取土，土方现场运输。

编号	项目	单位	预算基价			人工	机械		
			总价	人工费	机械费	综合工	履带式柴油打桩机 2.5t	螺旋钻机 600mm	自卸汽车 4t
			元	元	元	工日	台班	台班	台班
						135.00	888.97	698.71	491.57
1-109	管内钻孔取土	10m³	**2977.58**	1441.80	1535.78	10.68	0.710	0.760	0.760

(10) 钢管桩填芯

工作内容：冲洗管桩内芯，排水，混凝土填芯。

编号	项目	单位	预算基价				人工	材料		机械
			总价	人工费	材料费	机械费	综合工	预拌混凝土 AC20	水	潜水泵 100mm
			元	元	元	元	工日	m^3	m^3	台班
							135.00	450.56	7.62	29.10
1-110	钢管桩填芯（混凝土）	$10m^3$	**5550.52**	976.05	4572.43	2.04	7.23	10.100	2.857	0.070

第二章　隧 道 工 程

说　　明

一、本章包括洞内临时工程，隧道初期支护，竖井开挖，拆除工程，盾构机安装、拆除及掘进，管片，盾构其他工程7节，共92条基价子目。

二、临时工程按季度摊销量计算，不足一季度按一季度计算，超过一季度按每增一季度增加。

三、喷射混凝土不分结构部位，根据隧道设计结构形式执行相应子目；喷射混凝土按素喷和网喷综合编制，并已包括回弹及填平补齐的消耗量。喷射混凝土配比不同时可按实调整。

四、钢纤维喷射混凝土中钢纤维掺量不同时可调整，临时支护喷射混凝土项目仅适用于施工过程中喷掌子面及临时中隔壁混凝土等支护项目。

五、超前小导管及管棚项目不含注浆，发生时应根据设计图纸注明的浆液材料分别执行本章预留孔注浆项目。

六、管棚长度按40m以内考虑，超过40m时可按实调整。

七、砂浆锚杆按D25的螺纹钢编制，设计锚杆直径不同时，可调整钢筋用量。自进式锚杆按D32中空锚管编制，当设计直径不同时可调整用量。

八、注浆项目中的浆液配合比与设计配合比不同时，可按实调整。

九、钻孔注浆适用于部分特殊部位需要钻孔并注浆的项目。

十、竖井开挖土方项目按深度划分，执行时应区分深度套用相应子目，其中开挖土方的深度为自然地面至设计底板底（或垫层底）面的高度。

十一、拆除洞内临时支护混凝土及拆除钢构件是按隧道内施工因素考虑的，包含了废料水平运输及垂直运输，废料地面运弃应另行计算。

十二、盾构及车架安装包括现场吊装及试运行。拆除包括拆除、装车，盾构机及车架场外运输费用另行计算。

十三、盾构机穿越密集建筑群、古文物建筑及堤防江河、重要管线的基础、桩群，且对地表沉降有特殊要求者，其措施费用另行计算。

十四、采用土压平衡式盾构掘进，其土方以吊出井口装车止。采用泥水平衡式盾构掘进，其排放的泥浆水以送至沉淀井止，水力出土所需的地面部分取水、排水的土建及土方外运费用另行计算。

十五、采用泥水平衡式盾构，地面泥水分离费用另行计算。

十六、管片项目综合考虑了管片的宽度和成环块数等因素，除另有规定外，均不做调整。

十七、预制混凝土管片采用高精度钢模和高强度等级混凝土，已包含钢模摊销费，管片的预制场地费用及场外运输费用另行计算。

十八、盾构基座按一次摊销考虑，摊销次数不同时可调整。

工程量计算规则

一、洞内通风按每洞口隧道设计施工长度减30m计算。

二、洞内压风管、水管长度按隧道的设计施工长度加100m计算。

三、洞内照明线路长度按隧道的设计施工长度计算。如施工组织设计规定需要安双排照明时，应按实际双线部分增加。

四、洞内动力线路按隧道的设计施工长度加50m计算。

五、洞内轨道按施工组织设计所布置的起止点为准，以长度计算。对所设置的道岔，每处道岔按相应轨道折合30m计算。如实际为双线，按2倍计算。

六、喷射混凝土按设计断面面积乘以设计长度以体积计算。

七、超前小导管、管棚制作、安装均按设计图示长度计算。

八、锚杆制作、安装均按设计图示长度计算。

九、注浆按设计注浆浆液体积计算。

十、竖井挖土方按设计结构外围水平投影面积乘以高度以体积计算，竖井高度指实际自然地面标高至竖井垫层底标高之差。

十一、拆除洞内临时支护混凝土按设计图示拆除体积计算。

十二、拆除临时钢构件按设计图示以质量计算。

十三、负环段掘进按拼装临时管片起至刀盘进入加固体长度计算。

十四、始发段掘进按盾尾离开工作井内壁起至设计图示盾构始发掘进长度计算。

十五、正常段掘进按始发段掘进结束至到达段掘进开始的长度计算。

十六、到达段掘进按设计图示的盾构到达掘进长度计算。

十七、盾构机吊装、吊拆及过站以“台•次”计算。

十八、车架安装、拆除以“节”计算。

十九、预制混凝土管片按1%损耗计算，管片试拼装按每100环管片拼装3环计算。

二十、管片成环水平拼装、管片设置密封条、管片嵌缝按“环”计算。

二十一、钢管片按质量计算。

二十二、衬砌压浆量根据盾尾间隙所压浆液量，由施工组织设计确定，以体积计算。

二十三、柔性接缝环适用于盾构工作井洞门与隧道接缝处理，长度按管片中心圆周长计算。

二十四、负环管片拆除、隧道内管线路拆除按长度计算。

二十五、盾构基座制作按设计图示以质量计算。

二十六、手孔封堵按设计图示以数量计算。

1.洞内临时工程

工作内容：1.铺设管道、清理污物、维修保养、拆除及材料运输。2.铺设管道、阀门，清理污物、除锈、校正维修保养、拆除及材料运输。

编号	项目		单位	预算基价				人工	材料							
				总价	人工费	材料费	机械费	综合工	粘胶布风管	镀锌钢丝 1.8～2.0	环氧沥青漆	螺栓	钢管 $D50\times4$	钢管 $D100\times6$	管卡子 $DN50$	管箍 $DN50$
				元	元	元	元	工日	m	kg	kg	kg	kg	kg	个	个
								135.00	10.26	7.09	10.38	8.33	4.20	4.50	2.81	3.86
2-1	洞内通风	一季度以内	100m	**8226.21**	4252.50	159.68	3814.03	31.50	8.250	7.500	0.750	1.500				
2-2	洞内通风	每增一季度	100m	**7129.72**	3240.00	75.69	3814.03	24.00	6.600		0.600	0.120				
2-3	洞内压风管、水管 ϕ50	一季度以内	100m	**2316.82**	2196.45	113.44	6.93	16.27					19.863		5.000	1.500
2-4	洞内压风管、水管 ϕ50	每增一季度	100m	**1426.88**	1350.00	71.34	5.54	10.00					13.620		2.000	0.600
2-5	洞内压风管、水管 ϕ100	一季度以内	100m	**3098.89**	2540.70	428.94	129.25	18.82				4.023		60.681		
2-6	洞内压风管、水管 ϕ100	每增一季度	100m	**1763.21**	1350.00	311.05	102.16	10.00				3.220		41.610		

续前

编号	项目		单位	材料							机械					
				阀门 *DN*50	阀门 *DN*100	铅油（厚漆）	平焊法兰 *DN*100	电焊条	醇酸防锈漆	零星材料费	轴流通风机 30kW	管子切断机 60mm	管子切断机 150mm	套丝机 159mm	直流电焊机 32kV·A	弯管机 WC27-108
				个	个	kg	副	kg	kg	元	台班	台班	台班	台班	台班	台班
				34.37	229.50	9.80	65.99	7.59	13.20		139.30	16.87	33.97	21.98	92.43	78.53
2-1	洞内通风	一季度以内	100m							1.58	27.380					
2-2	洞内通风	每增一季度	100m							0.75	27.380					
2-3	洞内压风管、水管 ϕ50	一季度以内	100m	0.150		0.175				3.30		0.150		0.200		
2-4	洞内压风管、水管 ϕ50	每增一季度	100m	0.120						2.08		0.120		0.160		
2-5	洞内压风管、水管 ϕ100	一季度以内	100m		0.150		0.638	2.655	1.000	12.49			0.025		1.283	0.125
2-6	洞内压风管、水管 ϕ100	每增一季度	100m		0.120		0.510	2.130	0.800	9.06			0.020		1.030	0.080

工作内容：1.线路架设、安装、安全检查、维修保养、拆除及材料运输。2.线路沿壁架设、安装、随用、随移、安全检查、维修保养、拆除及材料运输。

编号	项目		单位	预算基价			人工	材料													
				总价	人工费	材料费	综合工	橡胶四芯软缆	板枋材	铁壳闸刀380V/200A	熔断器220V/100A	端子板	三相四孔插座15A	醇酸防锈漆	螺栓	橡胶三芯软缆	胶壳闸刀220V/100A	防水灯头	灯泡	电	零星材料费
				元	元	元	工日	m	m^3	个	个	组	个	kg	kg	m	个	个	个	kW·h	元
							135.00	96.26	2001.17	406.31	9.10	7.62	8.65	13.20	8.33	43.97	122.75	2.47	1.33	0.75	
2-7	洞内动力	一季度以内	100m	**3132.35**	2454.30	678.05	18.18	6.500	0.014	0.025	0.188	0.063	0.063	0.275	0.133						6.71
2-8	洞内动力	每增一季度	100m	**530.11**	405.00	125.11	3.00	1.250		0.005	0.038	0.013	0.013	0.055	0.028						1.24
2-9	洞内照明	一季度以内	100m	**4323.10**	2355.75	1967.35	17.45		0.014		0.125			0.275	0.640	6.500	0.025	3.500	28.000	2100.000	19.48
2-10	洞内照明	每增一季度	100m	**2061.97**	405.00	1656.97	3.00				0.025			0.055	0.128	1.250	0.005	0.210	5.600	2100.000	16.41

工作内容：铺设枕木、轻轨，校正调顺，固定，拆除，材料运输及保养维修。

编号	项目		单位	预算基价			人工	材料							
				总价	人工费	材料费	综合工	枕木	钢轨	鱼尾板	钢板	道钉	镀锌钢丝 0.7～0.9	铁钉	零星材料费
				元	元	元	工日	m^3	kg	kg	kg	kg	kg	kg	元
							135.00	3457.47	3.83	4.77	3.37	2.50	7.37	6.68	
2-11	洞内轨道	一季度以内	100m	**4882.70**	2663.55	2219.15	19.73	0.438	127.500	7.173	20.320	8.920	3.413	0.250	64.64
2-12	洞内轨道	每增一季度	100m	**2959.74**	1350.00	1609.74	10.00	0.330	80.000	5.440	15.240	6.690	2.730	0.200	46.89

2.隧道初期支护

(1) 隧道喷射混凝土

工作内容：材料洞内及垂直运输、混凝土制作、掺钢纤维、喷射、养护、清理。

编号	项目		单位	预算基价				人工	材料					
				总价	人工费	材料费	机械费	综合工	水泥 32.5级	碎石 16以内	中砂	高压胶管 $\phi25$	黏稠剂	速凝增强剂
				元	元	元	元	工日	t	m^3	m^3	m	kg	kg
								135.00	357.47	96.55	89.44	41.85	3.25	2.13
2-13	弧形隧道	喷射混凝土	m^3	**1581.25**	907.20	472.35	201.70	6.72	0.650	0.702	0.962	0.250	5.485	16.456
2-14	矩形隧道	喷射混凝土	m^3	**1645.11**	943.65	491.19	210.27	6.99	0.676	0.730	1.000	0.260	5.704	17.114
2-15	弧形隧道	喷射钢纤维混凝土	m^3	**2055.86**	997.65	852.04	206.17	7.39	0.623	0.672	0.922	0.351	5.257	24.431
2-16	矩形隧道	喷射钢纤维混凝土	m^3	**2137.22**	1036.80	886.17	214.25	7.68	0.648	0.699	0.959	0.365	5.467	25.408
2-17	临时支护	喷射混凝土	m^3	**1491.89**	857.25	443.07	191.57	6.35	0.615	0.664	0.910	0.250	5.190	15.570

编号	项目		单位	材料			机械						
				水	钢纤维	零星材料费	混凝土喷射机 $5m^3/h$	电动空气压缩机 $10m^3/min$	混凝土搅拌机 350L	电瓶车 8t	硅整流充电机 90A/190V	轨道矿车 1t	卷扬机 电动双筒慢速 50kN
				m^3	kg	元	台班	台班	台班	台班	台班	台班	台班
				7.62	4.35		405.21	375.37	248.56	287.49	69.06	34.17	236.29
2-13	弧形隧道	喷射混凝土	m^3	1.781		9.26	0.130	0.130	0.063	0.150	0.075	0.750	0.045
2-14	矩形隧道	喷射混凝土	m^3	1.852		9.63	0.135	0.135	0.068	0.156	0.078	0.780	0.047
2-15	弧形隧道	喷射钢纤维混凝土	m^3	1.707	84.704	16.71	0.132	0.132	0.066	0.152	0.076	0.760	0.050
2-16	矩形隧道	喷射钢纤维混凝土	m^3	1.775	88.092	17.38	0.137	0.137	0.069	0.158	0.079	0.790	0.052
2-17	临时支护	喷射混凝土	m^3	1.685		4.39	0.123	0.123	0.062	0.142	0.071	0.710	0.043

（2）钢格栅、钢筋网片

工作内容： 1.钢筋的解捆、除锈、调直、制作、安装、绑扎、焊接、洞内及垂直运输等。2.型钢放样、划线、截料、平直、钻孔、焊接、成品纠正、洞内及垂直运输、安装等。3.钢筋的解捆、除锈、调直、制作、安装、点焊、洞内及垂直运输、挂网、加固等。

编号	项目		单位	预算基价				人工	材料					
				总价	人工费	材料费	机械费	综合工	镀锌钢丝 0.7～0.9	钢筋 D10以内	钢筋 D10以外	螺纹钢 D25以内	螺纹钢 D25以外	型钢
				元	元	元	元	工日	kg	t	t	t	t	t
								135.00	7.37	3970.73	3799.94	3741.46	3789.90	3699.72
2-18	钢格栅（圆钢）	D10 以内	t	**8475.92**	3522.15	4609.02	344.75	26.09	9.090	1.020				
2-19	钢格栅（圆钢）	D10 以外	t	**7985.19**	3127.95	4503.12	354.12	23.17	4.620		1.040			
2-20	钢格栅（螺纹钢）	D25 以内	t	**6854.35**	2299.05	4273.89	281.41	17.03				1.040		
2-21	钢格栅（螺纹钢）	D25 以外	t	**6467.99**	1850.85	4334.34	282.80	13.71					1.040	
2-22	钢格栅	型钢	t	**6198.48**	2022.30	4023.06	153.12	14.98				0.023		1.014
2-23	钢筋网片		t	**6720.48**	2405.70	4123.84	190.94	17.82		1.020				

续前

编号	项目		单位	材料		机械							
				电焊条	零星材料费	钢筋调直机 14mm	钢筋切断机 40mm	钢筋弯曲机 40mm	交流弧焊机 32kV·A	电瓶车 8t	硅整流充电机 90A/190V	轨道平车 8t	卷扬机 电动双筒慢速 50kN
				kg	元	台班	台班	台班	台班	台班	台班	台班	台班
				7.59		37.25	42.81	26.22	87.97	287.49	69.06	85.91	236.29
2-18	钢格栅（圆钢）	*D*10 以内	t	52.90	90.37	0.208	0.207	0.401	2.248	0.284	0.142	0.284	0.017
2-19	钢格栅（圆钢）	*D*10 以外	t	56.50	88.30	0.208	0.169	0.307	2.401	0.284	0.142	0.284	0.017
2-20	钢格栅（螺纹钢）	*D*25 以内	t	39.39	83.80		0.189	0.236	1.674	0.284	0.142	0.284	0.017
2-21	钢格栅（螺纹钢）	*D*25 以外	t	40.56	84.99		0.169	0.154	1.724	0.284	0.142	0.284	0.017
2-22	钢格栅	型钢	t	9.00	117.18				0.378	0.284	0.142	0.284	0.017
2-23	钢筋网片		t	4.33	40.83	0.200	0.100	0.250	0.600	0.284	0.142	0.284	0.017

(3) 超前小导管

工作内容： 制作、洞内及垂直运输、布眼、钻孔、安放就位。

编号	项目		单位	预算基价				人工	材料						
				总价	人工费	材料费	机械费	综合工	六角空心钢	合金钻头	热轧一般无缝钢管 *D*32×3.5	热轧一般无缝钢管 *D*42×3.5	热轧一般无缝钢管 *D*50×3.5	镀锌钢丝 0.7～0.9	氧气 $6m^3$
				元	元	元	元	工日	kg	个	kg	kg	m	kg	m^3
								135.00	4.03	194.69	3.84	3.81	17.04	7.37	2.88
2-24	超前小导管	*D*32	m	**36.30**	10.80	17.42	8.08	0.08	0.014	0.014	2.509			0.010	0.035
2-25	超前小导管	*D*42	m	**47.01**	14.85	21.16	11.00	0.11	0.015	0.016		3.389		0.010	0.035
2-26	超前小导管	*D*50	m	**111.86**	18.90	79.75	13.21	0.14	0.018	0.019			4.094	0.010	0.035

编号	项目		单位	材料			机械								
				乙炔气	水	零星材料费	风动凿岩机气腿式	管子切断机60mm	电瓶车8t	硅整流充电机90A/190V	轨道平车8t	立式钻床25mm	电动空气压缩机10m³/min	钻头磨床	小型机具
				kg	m³	元	台班	台班	台班	台班	台班	台班	台班	台班	元
				14.66	7.62		14.30	16.87	287.49	69.06	85.91	6.78	375.37	203.92	
2-24	超前小导管	*D*32	m	0.020	0.550	0.34	0.022	0.002	0.001	0.001	0.001	0.004	0.017	0.004	0.07
2-25	超前小导管	*D*42	m	0.020	0.550	0.41	0.030	0.003	0.002	0.001	0.001	0.006	0.023	0.005	0.10
2-26	超前小导管	*D*50	m	0.020	0.550	1.56	0.036	0.004	0.002	0.001	0.001	0.007	0.028	0.006	0.12

(4) 管　　棚

工作内容： 制作、洞内及垂直运输、布眼、钻孔、安放就位。

编号	项目		单位	预算基价				人工	材料							
				总价	人工费	材料费	机械费	综合工	热轧一般无缝钢管 D108×6	热轧一般无缝钢管 D159×6	热轧一般无缝钢管 D203×6	热轧一般无缝钢管 D377×10	合金钻头	钻杆	岩芯管	水
				元	元	元	元	工日	kg	kg	kg	kg	个	m	m	m^3
								135.00	4.58	4.44	4.45	4.68	194.69	47.85	124.33	7.62
2-27	管棚	D108	m	**247.68**	86.40	125.17	36.11	0.64	15.395				0.056	0.040	0.110	3.375
2-28	管棚	D159	m	**308.26**	99.90	166.83	41.53	0.74		23.319			0.064	0.046	0.127	3.881
2-29	管棚	D203	m	**367.17**	112.05	208.15	46.97	0.83			30.597		0.073	0.052	0.143	4.388
2-30	管棚	D377	m	**818.15**	172.80	573.14	72.21	1.28				97.751	0.112	0.080	0.220	6.750

续前

编号	项目		单位	材料	机械										
				零星材料费	管子切断机 150mm	管子切断机 250mm	电瓶车 8t	硅整流充电机 90A/190V	轨道平车 8t	液压钻机	立式钻床 25mm	钻头磨床	套丝机 159mm	切管机 9A151	卷扬机 电动双筒慢速 50kN
				元	台班	台班	台班	台班	台班	台班	台班	台班	台班	台班	台班
					33.97	43.71	287.49	69.06	85.91	702.48	6.78	203.92	21.98	33.97	236.29
2-27	管棚	*D*108	m	2.45	0.004		0.008	0.004	0.008	0.039	0.024	0.023	0.010		0.001
2-28	管棚	*D*159	m	3.27		0.005	0.009	0.005	0.009	0.045	0.028	0.026	0.012		0.001
2-29	管棚	*D*203	m	4.08		0.005	0.010	0.005	0.010	0.051	0.031	0.030	0.013		0.001
2-30	管棚	*D*377	m	11.24			0.016	0.008	0.016	0.078	0.048	0.046	0.020	0.008	0.002

(5)锚　　杆

工作内容： 制作锚杆及垫板、洞内及垂直运输、钻孔、砂浆制作、灌浆、安装锚杆、上垫板、锚固。

编号	项目		单位	预算基价				人工	材料							
				总价	人工费	材料费	机械费	综合工	螺纹钢 D25以内	六角空心钢	合金钻头	高压胶管 ϕ25	水泥砂浆 1:2	水	锚杆 R32N(国产)	扣紧螺母 M20
				元	元	元	元	工日	t	kg	个	m	m^3	m^3	m	个
								135.00	3741.46	4.03	194.69	41.85	350.77	7.62	14.10	0.28
2-31	砂浆锚杆	5m 以内	100m	**5237.90**	2339.55	2350.01	548.34	17.33	0.400	2.800	2.348	0.020	0.942	4.000		
2-32		10m 以内		**6053.58**	2457.00	2375.17	1221.41	18.20	0.400	2.940	2.465	0.021	0.942	4.200		
2-33		15m 以内		**6251.10**	2579.85	2401.61	1269.64	19.11	0.400	3.087	2.588	0.022	0.942	4.410		
2-34		15m 以外		**6460.97**	2702.70	2428.25	1330.02	20.02	0.400	3.234	2.712	0.023	0.942	4.620		
2-35	自进式锚杆	5m 以内		**5418.17**	3105.00	1826.62	486.55	23.00					0.942	4.000	102.000	33.667
2-36		10m 以内		**6062.34**	3260.25	1828.64	973.45	24.15					0.942	4.200	102.000	35.350
2-37		15m 以内		**6276.73**	3423.60	1830.75	1022.38	25.36					0.942	4.410	102.000	37.118
2-38		15m 以外		**6491.02**	3586.95	1832.87	1071.20	26.57					0.942	4.620	102.000	38.885

续前

编号	项目		单位	材料 零星材料费	机械 风动凿岩机气腿式	机械 电动空气压缩机 $10m^3/min$	机械 钢筋切断机 40mm	机械 钻头磨床	机械 水平钻机	机械 电瓶车 8t	机械 硅整流充电机 90A/190V	机械 轨道平车 8t	机械 灰浆搅拌机 200L	机械 电动灌浆机 $3m^3/h$	机械 卷扬机电动单筒慢速 50kN
				元	台班	台班	台班	台班	台班	台班	台班	台班	台班	台班	台班
					14.30	375.37	42.81	203.92	934.62	287.49	69.06	85.91	208.76	25.28	211.29
2-31	砂浆锚杆	5m 以内	100m	23.27	1.684	0.700	0.032	0.498		0.210	0.105	0.158	0.300	0.500	0.010
2-32	砂浆锚杆	10m 以内	100m	23.52			0.034	0.523	1.013	0.221	0.110	0.166	0.315	0.525	0.010
2-33	砂浆锚杆	15m 以内	100m	23.78			0.036	0.549	1.050	0.232	0.116	0.174	0.331	0.551	0.010
2-34	砂浆锚杆	15m 以外	100m	24.04			0.037	0.575	1.100	0.243	0.121	0.183	0.347	0.578	0.010
2-35	自进式锚杆	5m 以内	100m	18.09	2.026	0.257	0.033	0.512		0.216	0.108	0.216	0.758	0.270	0.010
2-36	自进式锚杆	10m 以内	100m	18.11			0.035	0.538	0.636	0.227	0.113	0.227	0.795	0.284	0.010
2-37	自进式锚杆	15m 以内	100m	18.13			0.037	0.565	0.668	0.238	0.119	0.238	0.836	0.298	0.010
2-38	自进式锚杆	15m 以外	100m	18.15			0.039	0.592	0.700	0.250	0.124	0.250	0.875	0.312	0.010

(6)注　浆

工作内容：钻孔、运料、浆液制作、注浆、检查、堵孔。

编号	项目		单位	预算基价				人工	材料					
				总价	人工费	材料费	机械费	综合工	板枋材	水泥42.5级	合金钻头	水	水玻璃	磷酸氢二钠
				元	元	元	元	工日	m^3	t	个	m^3	kg	kg
								135.00	2001.17	398.99	194.69	7.62	2.38	1.85
2-39	水泥浆	钻孔注浆	m^3	**665.68**	245.70	341.98	78.00	1.82	0.008	0.765	0.050	1.000		
2-40		预留孔注浆		**561.15**	167.40	331.76	61.99	1.24	0.008	0.765		0.950		
2-41	水泥水玻璃双液浆	钻孔注浆		**1554.51**	297.00	1174.70	82.81	2.20	0.010	0.441	0.050	0.730	390.000	6.600
2-42		预留孔注浆		**1422.66**	202.50	1153.36	66.80	1.50	0.010	0.441		0.730	390.000	6.600
2-43	水泥砂浆	钻孔注浆		**719.46**	245.70	395.28	78.48	1.82	0.010		0.050			
2-44		预留孔注浆		**611.45**	167.40	381.58	62.47	1.24	0.010					

编号	项目		单位	材料		机械							
				水泥砂浆 1:2	零星材料费	风动凿岩机 气腿式	灰浆搅拌机 400L	电动空气压缩机 $10m^3/min$	电瓶车 8t	硅整流充电机 90A/190V	轨道平车 8t	电动灌浆机 $3m^3/h$	卷扬机 电动双筒慢速 50kN
				m^3	元	台班	台班	台班	台班	台班	台班	台班	台班
				350.77		14.30	215.11	375.37	287.49	69.06	85.91	25.28	236.29
2-39	水泥浆	钻孔注浆	m^3		3.39	0.096	0.140	0.039	0.060	0.038	0.060	0.140	0.014
2-40	水泥浆	预留孔注浆	m^3		3.28		0.140		0.060	0.038	0.060	0.140	0.014
2-41	水泥水玻璃双液浆	钻孔注浆	m^3		23.03	0.096	0.160	0.039	0.060	0.038	0.060	0.160	0.014
2-42	水泥水玻璃双液浆	预留孔注浆	m^3		11.42		0.160		0.060	0.038	0.060	0.160	0.014
2-43	水泥砂浆	钻孔注浆	m^3	1.020	7.75	0.096	0.141	0.039	0.060	0.038	0.060	0.141	0.015
2-44	水泥砂浆	预留孔注浆	m^3	1.020	3.78		0.141		0.060	0.038	0.060	0.141	0.015

3.竖 井 开 挖

工作内容：挖土、装土、垂直提升。

编号	项目			单位	预算基价 总价	预算基价 人工费	预算基价 机械费	人工 综合工	机械 轴流通风机 30kW	机械 卷扬机 电动单筒慢速 50kN
					元	元	元	工日	台班	台班
								113.00	139.30	211.29
2-45	人工开挖	深度 20m以内	土层	m^3	**83.25**	73.45	9.80	0.65	0.040	0.020
2-46	人工开挖	深度 30m以内	土层	m^3	**92.14**	81.36	10.78	0.72	0.044	0.022
2-47	人工开挖	深度 30m以外	土层	m^3	**101.17**	89.27	11.90	0.79	0.049	0.024

工作内容：机械开挖土层：挖土、装土、土方垂直提升等。

编号	项目			单位	预算基价 总价	预算基价 人工费	预算基价 机械费	人工 综合工	机械 卷扬机 电动双筒慢速 50kN	机械 小型挖掘机 $0.3m^3$	机械 电动空气压缩机 $10m^3/min$	机械 轴流通风机 30kW	机械 小型机具
					元	元	元	工日	台班	台班	台班	台班	元
								113.00	236.29	703.33	375.37	139.30	
2-48	机械开挖	深度 20m 以内	土层	m^3	**55.26**	27.12	28.14	0.24	0.025	0.016	0.014	0.040	0.15
2-49	机械开挖	深度 30m 以内	土层	m^3	**54.95**	29.38	25.57	0.26	0.028	0.018		0.044	0.16
2-50	机械开挖	深度 30m 以外	土层	m^3	**61.17**	32.77	28.40	0.29	0.031	0.020		0.049	0.18

4.拆 除 工 程

工作内容：拆除、废料洞内及垂直运输，清理成堆。

编号	项目	单位	预算基价				人工	材料			机械						
			总价	人工费	材料费	机械费	综合工	氧气 $6m^3$	乙炔气	零星材料费	风动凿岩机 手持式	电动空气压缩机 $3m^3/min$	电瓶车 8t	硅整流充电机 90A/190V	轨道矿车 1t	轨道平车 8t	卷扬机 电动双筒慢速 50kN
			元	元	元	元	工日	m^3	kg	元	台班	台班	台班	台班	台班	台班	台班
							135.00	2.88	14.66		12.25	123.57	287.49	69.06	34.17	85.91	236.29
2-51	拆除洞内临时支护混凝土	$10m^3$	**4032.11**	3204.90		827.21	23.74				8.754	4.377	0.399	0.200	1.197		0.041
2-52	拆除钢构件	t	**797.01**	552.15	47.69	197.17	4.09	5.400	2.160	0.47			0.473	0.236		0.473	0.018

5.盾构机安装、拆除及掘进

(1)盾构机安装、拆除

工作内容：1.起吊机械设备及盾构载运车就位。2.盾构吊入井底基座，盾构安装、调试。3.拆除盾构与车架边杆，起吊机械及附属设备就位，盾构整体吊出井口，上托架装车。

编号	项目		单位	预算基价 总价	人工费	材料费	机械费	人工 综合工	材料 钢板（中厚）	型钢	枕木	钢丝绳	橡胶板 3mm	电焊条
				元	元	元	元	工日	t	t	m^3	kg	kg	kg
								135.00	3876.58	3699.72	3457.47	6.67	11.26	7.59
2-53	盾构吊装	$\phi\leqslant7000$	台次	**383351.95**	181035.00	33698.67	168618.28	1341.00	0.825	1.140	2.940	285.000	48.750	153.000
2-54	盾构吊拆	$\phi\leqslant7000$	台次	**299880.38**	144585.00	28836.12	126459.26	1071.00	0.495	0.795	2.940	285.000		25.500

续前

编号	项目		单位	材料 机油	柴油	氧气 6m^3	乙炔气	盾构托架	电	零星材料费	机械 门式起重机 50t	履带式起重机 100t	履带式起重机 300t	卷扬机 电动双筒慢速	交流电焊机 32kV·A
				kg	kg	m^3	kg	t	kW·h	元	台班	台班	台班	台班	台班
				7.21	6.32	2.88	14.66	3712.21	0.75		1106.42	2822.15	6550.07	327.17	87.97
2-53	盾构吊装	$\phi\leqslant7000$	台次	33.750	75.000	180.000	60.000	1.380	2940.000	3063.52	18.000	8.000	15.780	53.700	59.070
2-54	盾构吊拆	$\phi\leqslant7000$	台次	6.750	90.000	450.000	150.000	1.110	1470.000	2380.96	14.400	6.400	12.630	26.850	10.835

(2) 车架安装、拆除

工作内容： 1.车架吊入井底,井下组装就位与盾构连接,车架上设备安装、水电气管安装。2.车架地面安装、延长管线安装、延长管线拆除、车架吊入井底、车架隧道内安装。3.车架及附属设备拆除、吊出井口,装车安放。

编号	项目			单位	预算基价 总价	人工费	材料费	机械费	人工 综合工	材料 钢板(中厚)	轻轨	枕木	带帽螺栓	电焊条
					元	元	元	元	工日	t	kg	m^3	kg	kg
									135.00	3876.58	4.20	3457.47	7.96	7.59
2-55	车架安装	整体始发	30t 以内	节	**11202.23**	4303.80	3295.23	3603.20	31.88	0.300	127.500	0.281	39.200	3.978
2-56	车架安装	整体始发	30t 以外	节	**13166.07**	5163.75	3678.44	4323.88	38.25	0.360	130.000	0.313	38.400	4.590
2-57	车架安装	分体始发	30t 以内	节	**43084.56**	8606.25	27273.35	7204.96	63.75	0.300	127.500	0.281	39.200	7.650
2-58	车架安装	分体始发	30t 以外	节	**58635.30**	15491.25	30174.11	12969.94	114.75	0.360	130.000	0.313	38.400	13.770
2-59	车架拆除	30t 以内		节	**9091.32**	3873.15	2033.85	3184.32	28.69	0.169		0.322		1.913
2-60	车架拆除	30t 以外		节	**10839.79**	4648.05	2369.68	3822.06	34.43	0.208		0.364		2.295

续前

编号	项目			单位	材料						机械			
					氧气 $6m^3$	乙炔气	高压油管	动力电缆	控制电缆	零星材料费	履带式起重机 100t	门式起重机 50t	卷扬机电动双筒慢速	交流弧焊机 32kV•A
					m^3	kg	m	m	m	元	台班	台班	台班	台班
					2.88	14.66	230.00	3.00	5.83		2822.15	1106.42	327.17	87.97
2-55	车架安装	整体始发	30t 以内	节	8.679	2.893				215.58	0.658	0.744	1.813	3.750
2-56	车架安装	整体始发	30t 以外	节	9.468	3.156				240.65	0.790	0.892	2.175	4.500
2-57	车架安装	分体始发	30t 以内	节	17.358	5.786	96.000	11.429	34.286	1784.24	1.316	1.487	3.625	7.500
2-58	车架安装	分体始发	30t 以外	节	28.404	9.468	105.600	12.570	37.710	1974.01	2.369	2.677	6.525	13.500
2-59	车架拆除	30t 以内		节	3.762	3.762				184.90	0.625	0.706	1.450	1.875
2-60	车架拆除	30t 以外		节	4.104	4.104				215.43	0.750	0.848	1.740	2.250

(3)$\phi \leqslant 7000$复合式土压平衡盾构掘进

工作内容：操作盾构掘进机，干式出土，管片洞内运输、拼装，连接螺栓紧固，装拉杆，施工管线铺设、照明、运输、供气、通风；施工测量、通信，一般故障排除，井口土方装车。

编号	项目		单位	预算基价				人工	材料										
				总价	人工费	材料费	机械费	综合工	预拌混凝土AC20	钢管DN80	铁管栏杆	钢轨枕	钢支撑	轻轨	走道板	金属支架	管片连接螺栓	风管	电焊条
				元	元	元	元	工日	m^3	kg	kg	kg	kg	kg	kg	kg	kg	kg	kg
								135.00	450.56	3.82	3.53	3.55	7.46	4.20	3.63	4.60	7.36	0.72	7.59
2-61	负环段	掘进	m	**20229.31**	8846.55	5681.57	5701.19	65.53	0.560	5.530	15.480	19.050	264.800	8.510	20.310	14.580	50.350	18.010	5.600
2-62	始发段	掘进	m	**13255.53**	4244.40	3858.38	5152.75	31.44		5.530	15.480	19.050		8.510	20.310	14.580	100.700	18.010	
2-63	正常段	掘进	m	**8427.15**	2374.65	2880.65	3171.85	17.59		5.530	15.480	19.050		8.510	20.310	14.580	100.700	18.010	
2-64	到达段	掘进	m	**10368.61**	2968.65	3188.67	4211.29	21.99		5.530	15.480	19.050		8.510	20.310	14.580	100.700	18.010	

续前

编号	项目		单位	材料：机油	材料：油脂	材料：水	材料：电	材料：零星材料费	机械：门式起重机50t	机械：履带式起重机25t	机械：轨道平车5t	机械：电动单级离心清水泵200mm	机械：电动空气压缩机$10m^3/min$	机械：轴流通风机100kW	机械：交流电焊机32kV•A	机械：硅整流充电机90A/190V	机械：电瓶车10t	机械：复合式土压平衡盾构机
				kg	kg	m^3	kW•h	元	台班	台班	台班	台班	台班	台班	台班	台班	台班	台班
				7.21	13.80	7.62	0.75		1106.42	824.31	34.17	88.54	375.37	428.01	87.97	69.06	299.81	4138.01
2-61	负环段	掘进	m	55.020		70.040	1558.310	608.74	1.404	1.097		1.750	0.997	1.460	3.760			0.425
2-62	始发段	掘进	m	52.500	31.190	58.490	1488.380	413.40	0.282	0.220	2.034	1.650		1.380	1.750	0.915	1.017	0.805
2-63	正常段	掘进	m	28.880	31.190	32.130	819.315	308.64	0.155	0.121	1.124	0.910		1.520	0.980	0.506	0.562	0.445
2-64	到达段	掘进	m	36.330	31.190	40.430	1030.050	341.64	0.197	0.154	2.304	1.150		1.920	1.240	1.037	1.152	0.565

（4）$\phi \leqslant 7000$复合式泥水平衡盾构掘进

工作内容：操作盾构掘进机，水力出土，管片拼接，螺栓紧固，施工管线路铺设、照明、运输、供气、通风，施工测量、通信，排泥水输出井口。

编号	项目		单位	预算基价				人工	材料											
				总价	人工费	材料费	机械费	综合工	预拌混凝土AC20	铁管栏杆	钢轨枕	钢支撑	轻轨	走道板	金属支架	管片连接螺栓	风管	电焊条	机油	电
				元	元	元	元	工日	m^3	kg	kg	kg	kg	kg	kg	kg	kg	kg	kg	kW•h
								135.00	450.56	3.53	3.55	7.46	4.20	3.63	4.60	7.36	0.72	7.59	7.21	0.75
2-65	负环段	掘进	m	**19656.75**	8695.35	4779.24	6182.16	64.41	0.560	13.670	16.820	185.740	7.510	17.930	12.870	50.350	15.900	5.600	49.560	2042.932
2-66	始发段	掘进	m	**15795.65**	5046.30	3727.90	7021.45	37.38		13.670	16.820		7.510	17.930	12.870	100.700	15.900		48.510	1951.254
2-67	正常段	掘进	m	**8082.82**	2118.15	2805.26	3159.41	15.69		13.670	16.820		7.510	17.930	12.870	100.700	15.900		23.420	1074.116
2-68	到达段	掘进	m	**12977.39**	3928.50	3110.60	5938.29	29.10		13.670	16.820		7.510	17.930	12.870	100.700	15.900		33.180	1350.388

续前

编号	项目		单位	材料 钢管 DN200	材料 钢管 DN80	材料 油脂	材料 零星材料费	机械 电动单级离心清水泵 200mm	机械 电动多级离心清水泵 150mm 扬程180m以下	机械 门式起重机 50t	机械 履带式起重机 25t	机械 电动空气压缩机 $10m^3/min$	机械 交流电焊机 32kV·A	机械 轴流通风机 100kW	机械 轨道平车 5t	机械 硅整流充电机 90A/190V	机械 电瓶车 10t	机械 复合式泥水平衡盾构机
				kg	kg	kg	元	台班	台班	台班	台班	台班	台班	台班	台班	台班	台班	台班
				3.78	3.82	13.80		88.54	272.68	1106.42	824.31	375.37	87.97	428.01	34.17	69.06	299.81	4384.81
2-65	负环段	掘进	m	29.180	4.890		434.48	1.720	1.720	1.380	1.078	0.978	3.690	1.430				0.420
2-66	始发段	掘进	m	29.180	4.890	31.190	338.90	3.610	3.610	0.309	0.241		1.940	1.510	2.228	1.003	1.114	0.885
2-67	正常段	掘进	m	29.180	4.890	31.190	255.02	1.490	1.490	0.127	0.099		0.800	1.240	0.918	0.413	0.459	0.365
2-68	到达段	掘进	m	29.180	4.890	31.190	282.78	2.800	2.800	0.238	0.186		1.510	2.340	1.730	0.779	0.865	0.685

6.管　　片

(1)预制钢筋混凝土管片

工作内容: 1.钢模制作、安装、拆卸清理、刷油,测量检验,混凝土拌制,吊运、浇筑、振捣,入养护池蒸养,出槽堆放,抗渗质检。2.钢拼装台制作,校准,管片场内运输,吊拼装、拆除,管片成环量测检验及数据记录。3.从堆放起吊,行车配合、装车,驳运到中转场地,垫道木,吊车配合按类堆放。

编号	项目		单位	预算基价				人工	材料					
				总价	人工费	材料费	机械费	综合工	预拌混凝土AC50	管片钢模精加工制作	压浆孔螺钉	外加剂SN-2	脱模油	钢制台座
				元	元	元	元	工日	m^3	kg	个	kg	kg	kg
								135.00	565.12	12.50	8.65	2.60	1.54	3.22
2-69	预制钢筋混凝土管片制作	$\phi \leqslant 7000$	m^3	**1613.53**	476.55	718.41	418.57	3.53	1.015	9.725	1.000	3.938	0.515	
2-70	预制钢筋混凝土管片成环水平试拼装	$\phi \leqslant 7000$	环	**2645.26**	1626.75	201.21	817.30	12.05						60.667
2-71	管片场内运输	$\phi \leqslant 7000$	$10m^3$	**713.66**	218.70	28.30	466.66	1.62						

续前

编号	项目		单位	材料		机械							
				板枋材	零星材料费	门式起重机 50t	工业锅炉 2t/h	强制式反转出料混凝土搅拌机 800L	载货汽车 4t	履带式起重机 10t	载货汽车 6t	汽车式起重机 8t	小型机具
				m^3	元	台班	台班	台班	台班	台班	台班	台班	元
				2001.17		1106.42	1462.56	320.58	417.41	642.29	461.82	767.15	
2-69	预制钢筋混凝土管片制作	$\phi\leqslant7000$	m^3		3.57	0.128	0.100	0.090	0.242				0.83
2-70	预制钢筋混凝土管片成环水平试拼装	$\phi\leqslant7000$	环		5.86	0.220				0.557	0.468		
2-71	管片场内运输	$\phi\leqslant7000$	$10m^3$	0.014	0.28	0.060			0.369			0.321	

(2) 钢　管　片

工作内容： 划线，号料，切割，校正，滚圆弧，刨边，刨槽，上模具焊接成型，焊接预埋件，钻孔，吊运油漆，试拼装等。

编号	项目	单位	预算基价				人工	材料					
			总价	人工费	材料费	机械费	综合工	型钢	举重臂螺丝	钢板（中厚）	氧气 6m³	乙炔气	电焊条
			元	元	元	元	工日	t	个	t	m^3	kg	kg
							135.00	3699.72	11.07	3876.58	2.88	14.66	7.59
2-72	钢管片制作	t	**15367.86**	5104.35	5476.97	4786.54	37.81	0.130	1.080	1.020	20.585	6.860	59.860

续前

编号	项目	单位	材料				机械						
			防锈漆	外接头 *DN*50	管堵 *DN*50	零星材料费	门式起重机 50t	龙门刨床 1000×3000	板料校平机 16×2500	摇臂钻床 63mm	牛头刨床 650mm	卷扬机 电动单筒快速 20kN	交流电焊机 32kV•A
			kg	个	个	元	台班	台班	台班	台班	台班	台班	台班
			15.51	5.11	6.04		1106.42	403.35	1184.23	42.00	226.12	225.43	87.97
2-72	钢管片制作	t	17.430	1.440	0.740	133.58	0.858	4.795	0.585	2.345	1.525	0.195	8.220

(3) 管片设置密封条

工作内容：管片吊运、堆放，编号、表面清理、涂刷粘接剂，粘贴软木衬垫及防水橡胶条，管片边角嵌贴丁基腻子胶。

编号	项目		单位	预算基价				人工	材料					机械	
				总价	人工费	材料费	机械费	综合工	三元乙丙密封胶条	丁基自粘腻子	粘接剂	软木衬垫	零星材料费	门式起重机 50t	组合烘箱
				元	元	元	元	工日	m	kg	kg	m^2	元	台班	台班
								135.00	10.78	8.64	17.51	48.90		1106.42	127.48
2-73	管片设置三元乙丙	$\phi\leqslant7000$	环	**1985.34**	769.50	1034.26	181.58	5.70	56.000	1.220	2.440	7.200	25.23	0.108	0.487

(4) 管 片 嵌 缝

工作内容： 管片嵌缝槽表面处理，配料嵌缝。

编号	项目		单位	预算基价				人工	材料	
				总价	人工费	材料费	机械费	综合工	钢平台	氯丁乳胶水泥
				元	元	元	元	工日	kg	kg
								135.00	7.02	5.23
2-74	管片嵌缝(管片 $\phi \leqslant 7000$)	氯丁乳胶水泥	环	**1253.84**	963.90	223.58	66.36	7.14	9.100	29.090
2-75	管片嵌缝(管片 $\phi \leqslant 7000$)	环氧聚氨酯嵌缝膏	环	**1218.53**	963.90	182.73	71.90	7.14	9.100	

续前

编号	项目		单位	材料		机械			
				环氧聚氨酯嵌缝膏	零星材料费	门式起重机 50t	电动灌浆机 $3m^3/h$	电瓶车 10t	硅整流充电机 90A/190V
				kg	元	台班	台班	台班	台班
				5.76		1106.42	25.28	299.81	69.06
2-74	管片嵌缝(管片 $\phi\leqslant7000$)	氯丁乳胶水泥	环		7.56	0.025	1.240	0.022	0.011
2-75	管片嵌缝(管片 $\phi\leqslant7000$)	环氧聚氨酯嵌缝膏	环	17.750	16.61	0.030	1.240	0.022	0.011

7.盾构其他工程

(1)衬砌壁后压浆

工作内容：制浆、送浆,盾尾同步压浆,补压浆,封堵、清洗。

编号	项目		单位	预算基价 总价	预算基价 人工费	预算基价 材料费	预算基价 机械费	人工 综合工	材料 水泥 32.5级	材料 中砂	材料 膨润土	材料 粉煤灰	材料 高压皮龙管 ϕ150mm×3m
				元	元	元	元	工日	t	t	kg	t	根
								135.00	357.47	86.14	0.39	97.03	1557.54
2-76	衬砌壁后压浆	水泥粉煤灰	m^3	**647.45**	255.15	188.00	204.30	1.89	0.160		33.000	0.980	0.004
2-77	衬砌壁后压浆	水泥砂浆	m^3	**760.15**	278.10	277.75	204.30	2.06	0.388	1.404			0.004
2-78	衬砌壁后压浆	水泥水玻璃	m^3	**1698.15**	361.80	1132.05	204.30	2.68	0.441				0.004
2-79	衬砌壁后压浆	惰性浆	m^3	**550.54**	241.65	104.59	204.30	1.79		0.280	0.264	0.640	0.004

续前

编号	项目		单位	材料							机械		
				三乙醇胺	水玻璃	微沫剂	盖堵 $\phi 75$	水	磷酸氢二钠	零星材料费	门式起重机 50t	灰浆搅拌机 400L	盾构同步压浆泵 $D2.1m \times 7m$
				kg	kg	kg	个	m^3	kg	元	台班	台班	台班
				17.11	2.38	26.82	11.13	7.62	1.85		1106.42	215.11	661.09
2-76	衬砌壁后压浆	水泥粉煤灰	m^3			0.122	0.036	0.750		7.23	0.102	0.210	0.070
2-77	衬砌壁后压浆	水泥砂浆	m^3	0.207			0.036	0.326		5.45	0.102	0.210	0.070
2-78	衬砌壁后压浆	水泥水玻璃	m^3		390.000			0.730	6.600	22.20	0.102	0.210	0.070
2-79	衬砌壁后压浆	惰性浆	m^3				0.036	0.750		5.92	0.102	0.210	0.070

(2) 柔性接缝环

①施 工 阶 段

工作内容： 1.盾构出洞口接缝处淤泥清除，钢板环圈定位、焊接，预留压浆孔。2.洞口安装止水带及防水圈，环板安装后堵压，防水材料封堵。

编号	项目	单位	预算基价				人工	材料					
			总价	人工费	材料费	机械费	综合工	钢板(中厚)	水泥 52.5级	中砂	帘布橡胶条	聚氨酯泡沫塑料	聚氨酯胶粘剂
			元	元	元	元	工日	kg	t	t	kg	kg	kg
							135.00	3.88	456.11	86.14	14.10	15.58	20.77
2-80	临时防水环板	t	**9827.58**	2851.20	5022.99	1953.39	21.12	4.770					
2-81	临时止水缝	m	**1963.69**	804.60	1018.86	140.23	5.96		0.090	0.131	4.330	29.530	19.980

编号	项目	单位	材料								机械		
			枕木	电焊条	氧气 6m³	乙炔气	带帽螺栓	压浆孔螺钉	环圈钢板	零星材料费	交流电焊机 32kV·A	门式起重机 50t	电动灌浆机 3m³/h
			m³	kg	m³	kg	kg	个	t	元	台班	台班	台班
			3457.47	7.59	2.88	14.66	7.96	8.65	4000.00		87.97	1106.42	25.28
2-80	临时防水环板	t	0.070	32.340	4.710	1.570	4.660	12.120	1.060	98.49	9.150	1.038	
2-81	临时止水缝	m					1.310			19.98		0.116	0.470

②正 式 阶 段

工作内容： 1.拆除临时钢环板：钢环板切割，吊拆堆放。2.拆除洞口环管片：拆除连接螺栓，吊车配合拆除管片，凿除涂料、壁面清洗。3.安装钢环板：钢环板分块吊装，焊接固定。4.柔性接缝环：壁内刷涂料，安装内外壁止水带，压乳胶水泥。

编号	项目	单位	预算基价				人工	材料									
			总价	人工费	材料费	机械费	综合工	枕木	电焊条	氧气 $6m^3$	乙炔气	型钢	压浆孔螺钉	带帽螺栓	螺栓套管	遇水膨胀橡胶圈	环氧树脂6101
			元	元	元	元	工日	m^3	kg	m^3	kg	kg	个	kg	个	个	kg
							135.00	3457.47	7.59	2.88	14.66	3.70	8.65	7.96	0.79	0.71	28.33
2-82	拆除临时钢环板	t	**3577.79**	2261.25	294.77	1021.77	16.75	0.050	3.930	10.700	3.570	1.620					
2-83	拆除洞口环管片	m^3	**4348.30**	2481.30	21.83	1845.17	18.38		1.650	1.170	0.390						
2-84	安装钢环板	t	**7460.82**	3420.90	1517.45	2522.47	25.34	0.080	91.760	4.960	1.650		6.000	31.030	128.000	128.000	
2-85	柔性接缝环	m	**2954.32**	1383.75	1226.98	343.59	10.25										0.740

编号	项目	单位	材料								机械					
			氯丁乳胶水泥	外防水氯丁酚醛胶	内防水橡胶止水带	氯丁橡胶	结皮海绵橡胶板	焦油聚氨酯涂料	聚苯乙烯硬泡沫塑料	零星材料费	门式起重机 50t	轴流通风机 7.5kW	交流电焊机 32kV·A	卷扬机电动单筒慢速 100kN	电动空气压缩机 1.0m³/min	电动灌浆机 3m³/h
			kg	kg	m	kg	kg	kg	m³	元	台班	台班	台班	台班	台班	台班
			5.23	18.17	38.50	18.66	17.62	12.98	372.08		1106.42	42.17	87.97	284.75	52.31	25.28
2-82	拆除临时钢环板	t								2.92	0.732	2.792	1.070			
2-83	拆除洞口环管片	m³								0.22	0.452	1.540	1.990	3.710	0.930	
2-84	安装钢环板	t								15.02	1.246	4.220	10.980			
2-85	柔性接缝环	m	78.120	10.160	1.050	0.400	28.250	2.520	0.060	12.15	0.254	0.860				1.040

(3) 洞口钢筋混凝土环圈

工作内容：配模、立模、拆模，钢筋制作、绑扎，洞口环圈混凝土浇捣养护。

编号	项目		单位	预算基价				人工	材料					机械			
				总价	人工费	材料费	机械费	综合工	钢筋 D10以内	钢模板	预拌混凝土 AC25	电焊条	零星材料费	交流电焊机 42kV·A	混凝土输送泵车 $75m^3/h$	门式起重机 50t	轴流通风机 7.5kW
				元	元	元	元	工日	t	kg	m^3	kg	元	台班	台班	台班	台班
								135.00	3970.73	9.80	461.24	7.59		122.40	1580.57	1106.42	42.17
2-86	洞口钢筋混凝土环圈	非泵送	m^3	**4097.13**	1718.55	1606.11	772.47	12.73	0.250	9.750	1.015	1.390	39.17	1.474		0.462	1.918
2-87	洞口钢筋混凝土环圈	泵送	m^3	**4614.90**	1680.75	1608.48	1325.67	12.45	0.250	9.750	1.020	1.390	39.23	1.474	0.350	0.462	1.918

(4) 负环管片拆除

工作内容：拆除后盾钢支撑，清除管片内污垢杂物，拆除井内轨道，清除井内污泥，凿除后靠混凝土，切割连接螺栓，管片吊出井口，装车。

编号	项目		单位	预算基价				人工	材料						机械		
				总价	人工费	材料费	机械费	综合工	电焊条	氧气 6m³	乙炔气	电	钢支撑	零星材料费	交流电焊机 32kV·A	门式起重机 50t	电动空气压缩机 1.0m³/min
				元	元	元	元	工日	kg	m³	kg	kW·h	kg	元	台班	台班	台班
								135.00	7.59	2.88	14.66	0.75	7.46		87.97	1106.42	52.31
2-88	负环管片拆除	$\phi \leqslant 7000$	m	**9540.96**	8086.50	258.35	1196.11	59.90	3.890	2.860	0.950	210.100	5.900	5.07	1.574	0.898	1.225

(5) 隧道内管线路拆除

工作内容： 贯通后隧道内水管、风管、走道板、栏杆、钢轨、轨枕、各种施工支架拆除，吊运出井口、装车或堆放，隧道内淤泥清除。

编号	项目	单位	预算基价 总价	人工费	材料费	机械费	人工 综合工	材料 氧气 6m³	乙炔气	电	零星材料费	机械 门式起重机 50t	轨道平车 5t	电动单级离心清水泵 100mm	硅整流充电机 90A/190V	电瓶车 10t
			元	元	元	元	工日	m^3	kg	kW•h	元	台班	台班	台班	台班	台班
							135.00	2.88	14.66	0.75		1106.42	34.17	34.80	69.06	299.81
2-89	隧道内管线路拆除	100m	**30068.73**	21065.40	1891.72	7111.61	156.04	8.300	2.770	2399.000	27.96	3.112	14.040	18.612	6.318	7.020

(6) 盾构基座制作及手孔封堵

工作内容： 1.盾构基座：划线、号料、切割、拼装、校正、焊接成型、油漆、堆放等。2.堵手孔处理：操作平台移动、定位、找平、手孔清洗，人工搅拌浆液，堵手孔、抹平等。

编号	项目	单位	预算基价				人工	材料											机械	
			总价	人工费	材料费	机械费	综合工	型钢	钢板（中厚）	氧气 $6m^3$	乙炔气	电焊条	汽油 $90^{\#}$	防锈漆	钢平台	水泥 32.5级	外加剂 SN-2	零星材料费	门式起重机 50t	交流电焊机 32kV·A
			元	元	元	元	工日	t	t	m^3	kg	kg	kg	kg	kg	t	kg	元	台班	台班
							135.00	3699.72	3876.58	2.88	14.66	7.59	7.16	15.51	7.02	357.47	2.60		1106.42	87.97
2-90	盾构基座制作	t	**7563.75**	2226.15	4394.35	943.25	16.49	1.041	0.019	4.800	1.600	14.110	5.500	17.000				21.86	0.614	3.000
2-91	手孔封堵	100个	**2874.02**	1574.10	761.09	538.83	11.66								9.490	0.810	150.000	14.92	0.487	

(7)盾构过站

工作内容：站台铺设钢轨，卷扬机定位，盾构与发射架顶升，盾构拉上站台，铺设车架轨道，盾构牵引，放低，横移，连接管线，调试。

编号	项目	单位	预算基价				人工	材料				
			总价	人工费	材料费	机械费	综合工	轻轨	钢板(中厚)	型钢	枕木	电焊条
			元	元	元	元	工日	kg	t	t	m^3	kg
							135.00	4.20	3876.58	3699.72	3457.47	7.59
2-92	盾构过站	台次	**488106.45**	182250.00	198443.84	107412.61	1350.00	2082.000	1.960	29.425	12.200	503.800

续前

编号	项目	单位	材料					机械				
			氧气 6m^3	乙炔气	电	钢丝绳	零星材料费	卷扬机 电动双筒慢速	立式油压千斤顶 200t	门式起重机 50t	交流电焊机 32kV•A	半自动割刀
			m^3	kg	kW•h	kg	元	台班	台班	台班	台班	台班
			2.88	14.66	0.75	6.67		327.17	11.50	1106.42	87.97	88.45
2-92	盾构过站	台次	155.800	72.152	5000.000	590.000	18040.35	123.252	100.800	37.835	165.000	108.000

第三章　地下结构工程

说　明

一、本章包括盖挖、暗挖车站土方工程，混凝土工程，模板工程，钢筋及金属构件制作、安装工程，防水工程，其他工程，降水工程，监测量控工程8节，共330条基价子目。

二、盖挖、暗挖车站土方的洞内水平及垂直运输已综合在子目中；盖挖、暗挖车站土方的洞外运输，泥浆处理、运输均执行本基价第一章相应项目。

三、钢筋混凝土小型构件是指单件体积≤0.05m^3的混凝土项目。

四、暗挖、盖挖车站（除顶板外）的结构混凝土项目均已综合泵送费用。明挖车站结构混凝土项目的泵送费按《天津市建筑工程预算基价》DBD 29-101-2020第十四章相应项目执行。

五、设计要求混凝土强度等级、抗渗等级与基价混凝土强度等级、抗渗等级不同时，可按设计要求调整，其消耗量不变。

六、模板项目按钢模板为主、木模板为辅综合编制。

七、盖挖及暗挖车站模板已综合考虑地面运输，洞内水平运输、垂直运输和模板的地面装卸费等，明挖车站的模板垂直运输可另行执行本章相关项目。

八、支模高度均按6m综合测算，实际高度超过6m时，超过部分应执行6m以上每增1m相应项目。

九、固定钢筋位置的支撑筋、马凳筋以及构件的锚固筋与吊钩钢筋等并入钢筋工程量内一并计算。

十、金属构件制作、安装子目均未包括焊缝无损探伤，也未包括探伤时的固定支架制作和被检工件的退磁等，发生时另行计算。

十一、柔性防水基价项目中，材料的消耗量包含所有搭接、阴阳角加强层。

十二、车站混凝土凿孔按深度200mm编制，当深度超过200mm时，按实际长度除以200mm作为调整系数。

十三、洞内通风、照明、动力、水管及运输轨道等项目是按单层设计结构断面面积在35m^2以内编制的。

十四、探井、阀门、观测孔、配电设施、水泵及泵管安装的费用已含在综合人工工日及零星材料费中。

十五、井点成孔项目中未包括泥浆制作及运输的费用。

十六、钻孔机成孔和沉井法成孔辐射井未包含土方及钢护筒费用。

十七、辐射井中钻机法竖井施工项目中不含井口井字梁费用。

十八、设计井深不同时应按内差法计算。

十九、连续监测时监测室的建设费，场地租用费，软件使用费，建立监测室所需用电线、连接线等费用均未计入，发生时应根据实际情况另行确定。

二十、基价中仪器仪表使用费是按各项测控方法使用的不同仪器设备综合取定的，实际使用仪器设备费用较大时，可按设计要求调整。

工程量计算规则

一、盖挖车站土方按设计结构外围断面面积乘以设计长度以体积计算，其设计结构外围断面面积为结构衬墙外侧之间的宽度乘以设计顶板底至底板（或垫层）底的高度。

二、暗挖车站土方按设计初支结构面积乘以设计长度以体积计算，其初支结构面积除底板外，按设计图示初支外围尺寸另加100mm计算。

三、现浇混凝土工程量除另有规定者外，均按设计图示尺寸以体积计算，不扣除构件内钢筋、预埋铁件及墙、板中面积 ≤0.3m^2 的孔洞所占体积。

四、柱按设计图示断面面积乘以高度以体积计算。

1.柱高自柱基上表面（或楼板上表面）至上一层板或梁的下表面之间的高度计算。

2.构造柱高按设计高度计算，嵌接墙体部分并入柱身体积。

3.依附柱上的牛腿和柱帽，并入柱身体积计算。

五、梁按设计图示体积计算。

1.梁与柱连接时，梁长算至柱的内侧面；伸入墙内部分的梁头并入梁的体积计算。

2.主梁与次梁连接时，次梁长度算至主梁的内侧面。

3.梁高自梁底算至板底，反梁自板顶算至梁顶。

六、混凝土墙按设计图示体积计算。

1.墙的体积按墙的设计中心线长度乘以墙高与厚度计算，其体积应扣除0.3m^2 以外孔洞所占的体积。

2.墙垛（附墙柱）、暗柱、暗梁及墙突出部分并入墙体积计算。

3.墙的体积中，板与墙相叠加部位按墙计算；柱或梁与墙相叠加部位，分别按柱或梁计算。

七、板按设计图示尺寸以体积计算。靠墙的梗斜混凝土体积并入墙的混凝土体积计算，不靠墙的梗斜并入相邻顶板或底板混凝土体积计算。

八、整体楼梯的工程量应包括休息平台、平台梁、斜梁及楼梯与楼板连接的梁、踏步板及踏步，按设计图示尺寸以体积计算。

九、模板工程量按模板接触混凝土的面积计算。梗斜的模板靠墙的并入墙的模板计算，靠梁的并入梁的模板计算。

十、盖挖顶板按地模面积计算。

十一、计算模板工程量时，现浇混凝土墙、板上单孔面积在0.3m^2 以内的孔洞面积不予扣除，孔洞侧壁的模板面积也不另行增加；单孔面积在0.3m^2 以上的孔洞面积应予扣除，孔洞侧壁模板面积并入墙、板工程量内计算。

十二、钢筋工程按设计图示以质量计算。

十三、柔性防水、刚性防水按不同材料划分，柔性防水按设计图示主体的外表面积计算，刚性防水按设计图示尺寸以面积计算。

十四、接水槽、施工缝、变形缝按图示尺寸以长度计算。

十五、钢筋接头按设计图示以数量计算。

十六、钢筋植筋分直径按设计图示以数量计算。

十七、洞内通风、照明、动力及运输轨道等按单层设计结构断面面积划分以“延长米”为单位计算。单层设计结构断面面积在 60m^2 以内，工程量乘以系数 2.00；单层设计结构断面面积在 90m^2 以内，工程量乘以系数 3.00；单层设计结构断面面积在 120m^2 以内，工程量乘以系数 4.00；单层设计结构断面面积大于 120m^2，工程量乘以系数 5.00。当车站结构为多层时，按单层的工程量乘以层数计算。

十八、脚手架按墙面垂直投影水平边线长度乘以墙面高度以面积计算。

十九、井点的安装、拆除按设计图示以数量计算。

二十、轻型井点、喷射井点、大口径井点的使用项目以“套·天”为单位计算，其中轻型井点 50 根为一套，喷射井点 30 根为一套，大口径井点以 10 根为一套，累计根数不足一套时，以一套计算，一天按 24h 计算。

二十一、管井、辐射井、竖井的抽水以“根·天”计算，按设计图示抽水管井的数量进行计算，其井点使用时间按施工组织设计确定。

二十二、监测点的布设按设计图纸以“点”或“孔”计算。

二十三、监控测试根据测点按“点·次”计算，连续监测根据监测项目以“组·日”计算，测试时间按施工组织设计确定。

1.盖挖、暗挖车站土方工程

(1) 盖挖车站土方

工作内容：挖土方、装运至洞口、由洞口提升至地面及地面人工配合等。

编号	项目		单位	预算基价				人工	材料		机械		
				总价	人工费	材料费	机械费	综合工	竖井龙门架（钢构件）	零星材料费	卷扬机电动双筒慢速50kN	履带式单斗液压挖掘机$1m^3$	机动翻斗车1t
				元	元	元	元	工日	kg	元	台班	台班	台班
								135.00	4.26		236.29	1159.91	207.17
3-1	盖挖土方(人工开挖)	一般土	$10m^3$	**1126.31**	1053.00	14.24	59.07	7.80	3.310	0.14	0.250		
3-2	盖挖土方(人工开挖)	砂砾坚土	$10m^3$	**1612.31**	1539.00	14.24	59.07	11.40	3.310	0.14	0.250		
3-3	盖挖土方(机械开挖)	一般土	$10m^3$	**449.61**	121.50	14.24	313.87	0.90	3.310	0.14	0.250	0.100	0.670
3-4	盖挖土方(机械开挖)	砂砾坚土	$10m^3$	**484.40**	121.50	14.24	348.66	0.90	3.310	0.14	0.250	0.130	0.670

(2) 暗挖车站土方

工作内容：挖土方、装运至洞口、由洞口提升至地面及地面人工配合等。

编号	项目		单位	预算基价				人工	材料		机械		
				总价	人工费	材料费	机械费	综合工	竖井龙门架（钢构件）	零星材料费	卷扬机电动双筒慢速 50kN	履带式单斗液压挖掘机 $1m^3$	机动翻斗车 1t
				元	元	元	元	工日	kg	元	台班	台班	台班
								135.00	4.26		236.29	1159.91	207.17
3-5	暗挖土方（人工开挖）	一般土	$10m^3$	**1193.81**	1120.50	14.24	59.07	8.30	3.31	0.14	0.25		
3-6	暗挖土方（人工开挖）	砂砾坚土	$10m^3$	**1787.81**	1714.50	14.24	59.07	12.70	3.31	0.14	0.25		
3-7	暗挖土方（机械开挖）	一般土	$10m^3$	**499.74**	121.50	14.24	364.00	0.90	3.31	0.14	0.25	0.12	0.800
3-8	暗挖土方（机械开挖）	砂砾坚土	$10m^3$	**546.13**	121.50	14.24	410.39	0.90	3.31	0.14	0.25	0.16	0.800

2.混凝土工程

(1)明挖车站垫层

工作内容：清理基层,取样,运料,摊铺,找平,洒水,原土夯实等。

编号	项目	单位	预算基价 总价	预算基价 人工费	预算基价 材料费	预算基价 机械费	人工 综合工	材料 碎石16以内	材料 中砂	材料 片石	材料 预拌混凝土AC20	材料 预拌混凝土BC20 P6	材料 水	材料 零星材料费	机械 电动夯实机250N•m	机械 小型机具
			元	元	元	元	工日	m^3	m^3	m^3	m^3	m^3	m^3	元	台班	元
							135.00	96.55	89.44	145.00	450.56	466.09	7.62		27.11	
3-9	干铺碎石垫层	m^3	**213.13**	87.75	124.86	0.52	0.65	1.097	0.198					1.24		0.52
3-10	干铺片石垫层	m^3	**296.52**	93.15	202.85	0.52	0.69		0.198	1.263				2.01		0.52
3-11	混凝土垫层	m^3	**566.49**	90.45	465.49	10.55	0.67				1.020		0.172	4.61	0.370	0.52
3-12	防水混凝土垫层	m^3	**582.49**	90.45	481.49	10.55	0.67					1.020	0.172	4.77	0.370	0.52

(2) 明挖车站混凝土柱

工作内容：混凝土浇筑、振捣、抹平、养护等。

编号	项目	单位	预算基价				人工	材料			机械
			总价	人工费	材料费	机械费	综合工	预拌混凝土AC30	水	零星材料费	小型机具
			元	元	元	元	工日	m^3	m^3	元	元
							135.00	472.89	7.62		
3-13	矩形柱	m^3	**605.04**	113.40	490.80	0.84	0.84	1.020	0.472	4.86	0.84
3-14	圆形柱	m^3	**609.09**	117.45	490.80	0.84	0.87	1.020	0.472	4.86	0.84
3-15	异型柱	m^3	**613.34**	120.15	492.35	0.84	0.89	1.020	0.674	4.87	0.84

(3) 明挖车站混凝土梁

工作内容： 混凝土浇筑、振捣、抹平、养护等。

编号	项目	单位	预算基价				人工	材料				机械
			总价	人工费	材料费	机械费	综合工	预拌混凝土 AC30	预拌混凝土 BC30 P8	水	零星材料费	小型机具
			元	元	元	元	工日	m^3	m^3	m^3	元	元
							135.00	472.89	490.36	7.62		
3-16	防水混凝土基础梁	m^3	**611.73**	101.25	509.64	0.84	0.75		1.020	0.581	5.05	0.84
3-17	站台板下梁	m^3	**623.34**	130.95	491.55	0.84	0.97	1.020		0.568	4.87	0.84
3-18	矩形梁	m^3	**619.29**	126.90	491.55	0.84	0.94	1.020		0.568	4.87	0.84
3-19	异型梁、拱形梁	m^3	**651.23**	157.95	492.44	0.84	1.17	1.020		0.684	4.88	0.84
3-20	圈梁、过梁、反梁、压顶梁	m^3	**628.62**	135.00	492.78	0.84	1.00	1.020		0.728	4.88	0.84

(4) 明挖车站混凝土墙

工作内容：混凝土浇筑、振捣、抹平、养护等。

编号	项目	单位	预算基价				人工	材料			机械
			总价	人工费	材料费	机械费	综合工	预拌混凝土 AC30	水	零星材料费	小型机具
			元	元	元	元	工日	m^3	m^3	元	元
							135.00	472.89	7.62		
3-21	直形墙	m^3	**600.11**	108.00	490.77	1.34	0.80	1.020	0.467	4.86	1.34
3-22	弧形墙	m^3	**602.81**	110.70	490.77	1.34	0.82	1.020	0.467	4.86	1.34
3-23	异型墙	m^3	**606.86**	114.75	490.77	1.34	0.85	1.020	0.467	4.86	1.34
3-24	直形内衬墙	m^3	**583.91**	91.80	490.77	1.34	0.68	1.020	0.467	4.86	1.34
3-25	弧形内衬墙	m^3	**586.61**	94.50	490.77	1.34	0.70	1.020	0.467	4.86	1.34
3-26	异型内衬墙	m^3	**589.31**	97.20	490.77	1.34	0.72	1.020	0.467	4.86	1.34

（5）明挖车站混凝土板

工作内容：混凝土浇筑、振捣、抹平、养护等。

编号	项目	单位	预算基价				人工	材料				机械
			总价	人工费	材料费	机械费	综合工	预拌混凝土 BC30 P8	预拌混凝土 AC30	水	零星材料费	小型机具
			元	元	元	元	工日	m^3	m^3	m^3	元	元
							135.00	490.36	472.89	7.62		
3-27	底板	m^3	**583.73**	75.60	506.79	1.34	0.56	1.020		0.210	5.02	1.34
3-28	弧形板、拱板	m^3	**677.84**	167.40	509.61	0.83	1.24	1.020		0.576	5.05	0.83
3-29	中层板	m^3	**600.72**	106.65	493.23	0.84	0.79		1.020	0.788	4.88	0.84
3-30	顶板	m^3	**620.07**	108.00	511.23	0.84	0.80	1.020		0.788	5.06	0.84

(6) 明挖车站其他构件

工作内容： 1.混凝土浇筑、振捣、抹平、养护等。2.调、运、铺砂浆，淋砖，运砖，砌砖等。

编号	项目		单位	预算基价 总价	人工费	材料费	机械费	人工 综合工	材料 预拌混凝土AC30	水泥砂浆M5	页岩标砖240×115×53	水	零星材料费	机械 小型机具
				元	元	元	元	工日	m^3	m^3	千块	m^3	元	元
								135.00	472.89	302.50	513.60	7.62		
3-31	楼梯	普通楼梯	m^3	**669.26**	175.50	492.42	1.34	1.30	1.020			0.682	4.88	1.34
3-32	楼梯	异型楼梯	m^3	**801.56**	228.15	572.07	1.34	1.69	1.020	0.055	0.119	0.827	5.66	1.34
3-33	混凝土台阶		m^3	**626.72**	132.30	494.24	0.18	0.98	1.020			0.919	4.89	0.18
3-34	砖砌台阶		m^2	**145.04**	66.15	78.71	0.18	0.49		0.055	0.119	0.023	0.78	0.18
3-35	风井、电梯井、电缆井、消防水池		m^3	**599.20**	105.30	492.56	1.34	0.78	1.020			0.700	4.88	1.34
3-36	回填混凝土		m^3	**579.48**	86.40	492.56	0.52	0.64	1.020			0.700	4.88	0.52
3-37	混凝土结构风管、电缆槽		m^3	**701.94**	202.50	498.10	1.34	1.50	1.020			1.420	4.93	1.34
3-38	小型构件		m^3	**764.78**	255.15	508.29	1.34	1.89	1.020			2.745	5.03	1.34
3-39	电缆沟、水沟		m^3	**598.45**	105.30	491.81	1.34	0.78	1.020			0.602	4.87	1.34

(7) 盖挖、暗挖车站混凝土柱

工作内容：混凝土洞内运输，浇筑，振捣，养护，人工配合混凝土泵送等。

编号	项目	单位	预算基价				人工	材料				机械	
			总价	人工费	材料费	机械费	综合工	预拌混凝土AC30	泵管DN150	水	零星材料费	混凝土输送泵 $20m^3/h$	小型机具
			元	元	元	元	工日	m^3	m	m^3	元	台班	元
							135.00	472.89	60.57	7.62		576.07	
3-40	矩形柱	m^3	**697.01**	130.95	542.18	23.88	0.97	1.020	0.810	0.709	5.37	0.040	0.84
3-41	圆形柱	m^3	**701.06**	135.00	542.18	23.88	1.00	1.020	0.810	0.709	5.37	0.040	0.84

(8) 盖挖、暗挖车站混凝土梁

工作内容： 混凝土洞内运输，浇筑，振捣，养护，人工配合混凝土泵送等。

编号	项目	单位	预算基价				人工	材料				机械	
			总价	人工费	材料费	机械费	综合工	预拌混凝土AC30	泵管DN150	水	零星材料费	混凝土输送泵20m³/h	小型机具
			元	元	元	元	工日	m³	m	m³	元	台班	元
							135.00	472.89	60.57	7.62		576.07	
3-42	底梁	m³	**671.42**	116.10	542.96	12.36	0.86	1.020	0.810	0.810	5.38	0.020	0.84
3-43	中顶梁	m³	**734.87**	179.55	542.96	12.36	1.33	1.020	0.810	0.810	5.38	0.020	0.84
3-44	边顶梁	m³	**701.12**	145.80	542.96	12.36	1.08	1.020	0.810	0.810	5.38	0.020	0.84

(9) 盖挖、暗挖车站混凝土墙

工作内容：混凝土洞内运输,浇筑,振捣,养护,人工配合混凝土泵送等。

编号	项目	单位	预算基价				人工	材料				机械	
			总价	人工费	材料费	机械费	综合工	预拌混凝土 AC30	泵管 $DN150$	水	零星材料费	混凝土输送泵 $20m^3/h$	小型机具
			元	元	元	元	工日	m^3	m	m^3	元	台班	元
							135.00	472.89	60.57	7.62		576.07	
3-45	边墙	m^3	**664.55**	109.35	542.34	12.86	0.81	1.020	0.810	0.730	5.37	0.020	1.34
3-46	中隔墙	m^3	**682.10**	126.90	542.34	12.86	0.94	1.020	0.810	0.730	5.37	0.020	1.34

(10) 盖挖、暗挖车站混凝土板

工作内容： 混凝土洞内运输，浇筑，振捣，养护，人工配合混凝土泵送等。

编号	项目	单位	预算基价				人工	材料				机械		
			总价	人工费	材料费	机械费	综合工	预拌混凝土 AC30	泵管 *DN*150	水	零星材料费	混凝土输送泵 $20m^3/h$	混凝土输送泵车 $20m^3/h$	小型机具
			元	元	元	元	工日	m^3	m	m^3	元	台班	台班	元
							135.00	472.89	60.57	7.62		576.07	1086.79	
3-47	底板	m^3	**642.45**	87.75	542.34	12.36	0.65	1.020	0.810	0.730	5.37	0.020		0.84
3-48	中层板	m^3	**677.55**	122.85	542.34	12.36	0.91	1.020	0.810	0.730	5.37	0.020		0.84
3-49	平顶板	m^3	**682.95**	128.25	542.34	12.36	0.95	1.020	0.810	0.730	5.37	0.020		0.84
3-50	拱顶板	m^3	**745.04**	190.35	542.34	12.35	1.41	1.020	0.810	0.730	5.37	0.020		0.83
3-51	盖挖顶板	m^3	**605.82**	90.45	492.79	22.58	0.67	1.020		0.730	4.88		0.020	0.84
3-52	站台板	m^3	**640.88**	67.50	549.50	23.88	0.50	1.020	0.810	1.660	5.44	0.040		0.84

（11）盖挖、暗挖车站其他混凝土构件

工作内容：混凝土洞内运输，浇筑，振捣，养护，人工配合混凝土泵送等。

编号	项目	单位	预算基价				人工	材料				机械	
			总价	人工费	材料费	机械费	综合工	预拌混凝土AC20	泵管DN150	水	零星材料费	混凝土输送泵 $20m^3/h$	小型机具
			元	元	元	元	工日	m^3	m	m^3	元	台班	元
							135.00	450.56	60.57	7.62		576.07	
3-53	底板填充混凝土	m^3	**595.76**	66.15	517.25	12.36	0.49	1.020	0.810	0.459	5.12	0.020	0.84
3-54	洞顶填充混凝土	m^3	**610.23**	78.30	517.26	14.67	0.58	1.020	0.810	0.460	5.12	0.024	0.84

3.模 板 工 程

(1) 明挖车站模板

工作内容：模板及支撑制作、安装、拆除、维护、整理、堆放、刷油、清理等。

编号	项目		单位	预算基价				人工	材料						机械	
				总价	人工费	材料费	机械费	综合工	板枋材	胶合板 5mm厚	镀锌钢丝 0.7～0.9	铁钉	隔离剂	零星材料费	载货汽车 5t	木工圆锯机 500mm
				元	元	元	元	工日	m^3	m^2	kg	kg	kg	元	台班	台班
								135.00	2001.17	30.54	7.37	6.68	4.20		443.55	26.53
3-55	底板模板	有梁式	m^2	**53.00**	35.10	16.99	0.91	0.26	0.005	0.088	0.371	0.146	0.100	0.17	0.002	0.001
3-56	底板模板	无梁式	m^2	**46.06**	31.05	14.10	0.91	0.23	0.004	0.088	0.296	0.099	0.100	0.14	0.002	0.001
3-57	桩承台模板		m^2	**46.68**	31.05	14.69	0.94	0.23	0.003	0.088	0.565	0.189	0.100	0.15	0.002	0.002
3-58	设备基础(体积 $20m^3$ 以内)		m^2	**59.01**	37.80	20.30	0.91	0.28	0.007	0.088	0.235	0.188	0.100	0.20	0.002	0.001

工作内容：模板及支撑制作、安装、拆除、维护、整理、堆放、刷油、清理等。

编号	项目	单位	预算基价				人工	材料										机械	
			总价	人工费	材料费	机械费	综合工	钢支撑	板枋材	组合钢模板	镀锌钢丝 0.7~0.9	铁钉	隔离剂	模板嵌缝料	零星卡具	草板纸	零星材料费	载货汽车 5t	木工圆锯机 500mm
			元	元	元	元	工日	kg	m^3	kg	kg	kg	kg	kg	kg	张	元	台班	台班
							135.00	7.46	2001.17	10.97	7.37	6.68	4.20	6.92	7.57	2.77		443.55	26.53
3-59	矩形柱模板		**76.23**	55.35	19.52	1.36	0.41	0.728	0.001	0.771		0.012	0.100		0.279	0.300	0.19	0.003	0.001
3-60	圆形柱模板	m^2	**137.69**	79.65	55.76	2.28	0.59		0.025		0.095	0.504	0.100	0.100			0.55	0.004	0.019
3-61	异型柱模板		**108.12**	83.70	23.06	1.36	0.62	0.836	0.001	0.782		0.027	0.100		0.605	0.300	0.23	0.003	0.001

工作内容：模板及支撑制作、安装、拆除、维护、整理、堆放、刷油、清理等。

编号	项目	单位	预算基价				人工	材料										机械	
			总价	人工费	材料费	机械费	综合工	钢支撑	组合钢模板	板枋材	镀锌钢丝 0.7~0.9	铁钉	隔离剂	零星卡具	草板纸	模板嵌缝料	零星材料费	载货汽车 5t	木工圆锯机 500mm
			元	元	元	元	工日	kg	kg	m^3	kg	kg	kg	kg	张	kg	元	台班	台班
							135.00	7.46	10.97	2001.17	7.37	6.68	4.20	7.57	2.77	6.92		443.55	26.53
3-62	矩形梁模板	m^2	**94.45**	67.50	25.07	1.88	0.50	1.349	0.773	0.001	0.002	0.036	0.100	0.366	0.300		0.25	0.004	0.004
3-63	圈（过）梁、反梁模板	m^2	**98.49**	78.30	18.70	1.49	0.58	0.432	0.738	0.002	0.120	0.021	0.100	0.120	0.300		0.19	0.003	0.006
3-64	拱形梁模板	m^2	**127.48**	93.15	32.06	2.27	0.69	1.422		0.009	0.267	0.006	0.100			0.100	0.32	0.005	0.002
3-65	异型、弧形梁模板	m^2	**109.06**	81.00	25.79	2.27	0.60	1.422		0.006	0.240	0.005	0.100			0.100	0.26	0.005	0.002

工作内容：模板及支撑制作、安装、拆除、维护、整理、堆放、刷油、清理等。

编号	项目		单位	预算基价				人工	材料		机械
				总价	人工费	材料费	机械费	综合工	钢支撑	零星材料费	载货汽车 5t
				元	元	元	元	工日	kg	元	台班
								135.00	7.46		443.55
3-66	支模高度超过 6m，每增 1m	柱	$10m^2$	**42.55**	35.10	3.01	4.44	0.26	0.400	0.03	0.010
3-67	支模高度超过 6m，每增 1m	梁	$10m^2$	**80.09**	64.80	10.85	4.44	0.48	1.440	0.11	0.010

工作内容：模板及支撑制作、安装、拆除、维护、整理、堆放、刷油、清理等。

编号	项目	单位	预算基价 总价	人工费	材料费	机械费	人工 综合工	材料 钢支撑	组合钢模板	板枋材	镀锌钢丝 0.7~0.9
			元	元	元	元	工日	kg	kg	m^3	kg
							135.00	7.46	10.97	2001.17	7.37
3-68	直形墙模板	m^2	**68.97**	41.85	25.76	1.36	0.31	1.067	0.718		0.607
3-69	弧形墙模板	m^2	**104.56**	52.65	50.11	1.80	0.39	1.174		0.017	0.768
3-70	内衬墙模板	m^2	**65.66**	37.80	26.50	1.36	0.28	0.900	0.718	0.001	0.606

续前

编号	项目	单位	材料							机械	
			铁钉	隔离剂	零星卡具	尼龙帽	草板纸	模板嵌缝料	零星材料费	载货汽车 5t	木工圆锯机 500mm
			kg	kg	kg	个	张	kg	元	台班	台班
			6.68	4.20	7.57	2.21	2.77	6.92		443.55	26.53
3-68	直形墙模板	m^2	0.003	0.100	0.363	0.530	0.300		0.26	0.003	0.001
3-69	弧形墙模板	m^2	0.009	0.100				0.100	0.50	0.004	0.001
3-70	内衬墙模板	m^2	0.002	0.100	0.363	0.530	0.300		0.26	0.003	0.001

工作内容：模板及支撑制作、安装、拆除、维护、整理、堆放、刷油、清理等。

编号	项目	单位	预算基价 总价	人工费	材料费	机械费	人工 综合工	材料 钢支撑	组合钢模板	板枋材	胶合板5mm厚
			元	元	元	元	工日	kg	kg	m^3	m^2
							135.00	7.46	10.97	2001.17	30.54
3-71	中板、顶板模板	m^2	**97.76**	66.15	29.81	1.80	0.49	1.777	0.721	0.001	
3-72	拱板模板	m^2	**278.48**	91.80	182.63	4.05	0.68	1.833		0.080	0.092
3-73	斜板模板	m^2	**237.95**	67.50	166.40	4.05	0.50	1.777		0.075	0.004

续前

编号	项目	单位	材料							机械	
			镀锌钢丝 0.7~0.9	铁钉	隔离剂	零星卡具	草板纸	模板嵌缝料	零星材料费	载货汽车 5t	木工圆锯机 500mm
			kg	kg	kg	kg	张	kg	元	台班	台班
			7.37	6.68	4.20	7.57	2.77	6.92		443.55	26.53
3-71	中板、顶板模板	m^2	0.327	0.002	0.100	0.353	0.300		0.30	0.004	0.001
3-72	拱板模板	m^2	0.399	0.029	0.100			0.100	1.81	0.009	0.002
3-73	斜板模板	m^2		0.025	0.100			0.100	1.65	0.009	0.002

工作内容：模板及支撑制作、安装、拆除、维护、整理、堆放、刷油、清理等。

编号	项目		单位	预算基价				人工	材料					机械	
				总价	人工费	材料费	机械费	综合工	板枋材	铁钉	隔离剂	模板嵌缝料	零星材料费	载货汽车 5t	木工圆锯机 500mm
				元	元	元	元	工日	m^3	kg	kg	kg	元	台班	台班
								135.00	2001.17	6.68	4.20	6.92		443.55	26.53
3-74	楼梯模板	普通	m^2	**227.96**	144.45	80.19	3.32	1.07	0.037	0.534	0.161	0.161	0.79	0.006	0.025
3-75	楼梯模板	异型	m^2	**300.66**	194.40	101.67	4.59	1.44	0.047	0.649	0.204	0.204	1.01	0.007	0.056
3-76	其他工程模板	风井、电梯井、电缆井、消防水池	m^2	**105.32**	68.85	34.48	1.99	0.51	0.015	0.451	0.100	0.100	0.34	0.004	0.008
3-77	其他工程模板	小型构件	m^2	**93.52**	51.30	40.62	1.60	0.38	0.017	0.761	0.100	0.100	0.40	0.003	0.010
3-78	其他工程模板	结构风管、电缆帽	m^2	**88.16**	58.05	28.12	1.99	0.43	0.012	0.451	0.073	0.073	0.28	0.004	0.008

工作内容：模板、支撑整理、堆放垂直运输等。

编号	项目			单位	预算基价			人工	机械	
					总价	人工费	机械费	综合工	门式起重机 15t	塔式起重机 20kN•m
					元	元	元	工日	台班	台班
								135.00	554.97	334.88
3-79	模板工程垂直运输	门式起重机	木模板 木支撑	$100m^2$	**85.02**	66.15	18.87	0.49	0.034	
3-80			钢模板 钢支撑		**110.19**	89.10	21.09	0.66	0.038	
3-81		塔式起重机	木模板 木支撑		**86.31**	74.25	12.06	0.55		0.036
3-82			钢模板 钢支撑		**113.63**	99.90	13.73	0.74		0.041

(2) 盖挖、暗挖车站模板

工作内容：模板及支撑制作、安装、拆除、维护、整理、刷油、洞内运输及堆放等。

编号	项目	单位	预算基价				人工	材料			
			总价	人工费	材料费	机械费	综合工	组合钢模板	卡具	板枋材	钢支撑
			元	元	元	元	工日	kg	kg	m^3	kg
							135.00	10.97	3.16	2001.17	7.46
3-83	边墙模板	m^2	**105.53**	75.60	28.31	1.62	0.56	0.643	0.223	0.004	0.739
3-84	中隔墙模板	m^2	**106.69**	79.65	25.42	1.62	0.59	0.653	0.277	0.003	0.813
3-85	矩形柱模板	m^2	**93.84**	64.80	26.16	2.88	0.48	0.781	0.667	0.004	0.600
3-86	圆形柱模板	m^2	**117.75**	86.40	28.92	2.43	0.64	0.724	0.583	0.003	0.480

续前

编号	项目	单位	材料						机械		
			铁钉	脱模剂	扣件	镀锌钢丝 0.7～0.9	垫木	零星材料费	载货汽车 5t	木工圆锯机 500mm	卷扬机 电动双筒慢速 50kN
			kg	kg	kg	kg	m^3	元	台班	台班	台班
			6.68	5.26	6.49	7.37	1049.18		443.55	26.53	236.29
3-83	边墙模板	m^2	0.004	0.100	0.459	0.010	0.003	0.28	0.002	0.001	0.003
3-84	中隔墙模板	m^2	0.005	0.100	0.510	0.020	0.001	0.25	0.002	0.001	0.003
3-85	矩形柱模板	m^2	0.018	0.100			0.002	0.26	0.004	0.006	0.004
3-86	圆形柱模板	m^2	0.016	0.080		0.900	0.002	0.29	0.003	0.006	0.004

工作内容：模板及支撑制作、安装、拆除、维护、整理、刷油、洞内运输及堆放等。

编号	项目	单位	预算基价				人工	材料				
			总价	人工费	材料费	机械费	综合工	组合钢模板	卡具	板枋材	钢支撑	铁钉
			元	元	元	元	工日	kg	kg	m^3	kg	kg
							135.00	10.97	3.16	2001.17	7.46	6.68
3-87	底板模板	m^2	**77.61**	54.00	19.09	4.52	0.40	0.699	0.293	0.001	0.695	0.021
3-88	中板模板	m^2	**94.83**	63.45	26.39	4.99	0.47	0.612	0.267	0.003	0.770	0.010
3-89	平顶板模板	m^2	**132.53**	98.55	28.99	4.99	0.73	0.638	0.281	0.003	0.844	0.020
3-90	拱顶板模板	m^2	**188.44**	118.80	63.27	6.37	0.88	0.766	0.337	0.004	1.013	0.020

编号	项目	单位	材料						机械		
			脱模剂	扣件	镀锌钢丝 0.7~0.9	垫木	扒钉	零星材料费	载货汽车 5t	木工圆锯机 500mm	卷扬机 电动双筒慢速 50kN
			kg	kg	kg	m^3	kg	元	台班	台班	台班
			5.26	6.49	7.37	1049.18	8.58		443.55	26.53	236.29
3-87	底板模板	m^2	0.100	0.376	0.002			0.19	0.008	0.001	0.004
3-88	中板模板	m^2	0.100	0.456	0.020	0.002	0.120	0.26	0.010	0.003	0.002
3-89	平顶板模板	m^2	0.100	0.510	0.020	0.003	0.145	0.29	0.010	0.003	0.002
3-90	拱顶板模板	m^2	0.100	0.612	0.030	0.030	0.150	0.63	0.012	0.004	0.004

工作内容：模板及支撑制作、安装、拆除、维护、整理、刷油、洞内运输及堆放等。

编号	项目	单位	预算基价				人工	材料				
			总价	人工费	材料费	机械费	综合工	组合钢模板	卡具	板枋材	钢支撑	铁钉
			元	元	元	元	工日	kg	kg	m^3	kg	kg
							135.00	10.97	3.16	2001.17	7.46	6.68
3-91	底梁模板	m^2	**71.04**	47.25	21.46	2.33	0.35	0.637	0.278	0.003	0.572	0.010
3-92	中顶梁模板	m^2	**159.41**	98.55	59.68	1.18	0.73	0.784	0.213	0.007	0.689	0.092
3-93	边顶梁模板	m^2	**113.66**	82.35	29.69	1.62	0.61	0.685	0.302	0.002	0.615	0.034

编号	项目	单位	材料						机械		
			脱模剂	扣件	镀锌钢丝 0.7～0.9	木支撑	垫木	零星材料费	载货汽车 5t	木工圆锯机 500mm	卷扬机 电动双筒慢速 50kN
			kg	kg	kg	m^3	m^3	元	台班	台班	台班
			5.26	6.49	7.37	2211.82	1049.18		443.55	26.53	236.29
3-91	底梁模板	m^2	0.100	0.376	0.011			0.21	0.002	0.001	0.006
3-92	中顶梁模板	m^2	0.100	0.497	0.029	0.008	0.008	0.59	0.001	0.001	0.003
3-93	边顶梁模板	m^2	0.100	0.267	0.010	0.003	0.003	0.29	0.002	0.001	0.003

工作内容：模板及支撑制作、安装、拆除、维护、整理、刷油、洞内运输及堆放等。

编号	项目		单位	预算基价				人工	材料				
				总价	人工费	材料费	机械费	综合工	预拌混凝土AC20	水	泵管DN150	板枋材	铁钉
				元	元	元	元	工日	m^3	m^3	m	m^3	kg
								135.00	450.56	7.62	60.57	2001.17	6.68
3-94	盖挖中层板	砖地膜	m^2	**73.95**	41.85	31.68	0.42	0.31		0.180			
3-95	盖挖中层板	混凝土地膜	m^2	**220.98**	76.95	135.21	8.82	0.57	0.152	0.196	0.810	0.006	0.219
3-96	盖挖顶板	砖地模	m^2	**65.92**	35.10	30.61	0.21	0.26		0.168			
3-97	盖挖顶板	混凝土地模	m^2	**203.79**	64.80	131.17	7.82	0.48	0.152	0.196	0.810	0.004	0.219

续前

编号	项目		单位	材料				机械				
				草袋 840×760	预拌砂浆 RM7.5	页岩标砖 240×115×53	零星材料费	混凝土输送泵 $30m^3/h$	灰浆搅拌机 200L	木工圆锯机 500mm	卷扬机电动双筒慢速 50kN	小型机具
				条	m^3	千块	元	台班	台班	台班	台班	元
				2.13	325.00	513.60		650.38	208.76	26.53	236.29	
3-94	盖挖中层板	砖地膜	m^2	0.640	0.017	0.045	0.31		0.002			
3-95	盖挖中层板	混凝土地膜	m^2	0.640			1.34	0.010		0.020	0.004	0.84
3-96	盖挖顶板	砖地模	m^2	0.640	0.014	0.045	0.30		0.001			
3-97	盖挖顶板	混凝土地模	m^2	0.640			1.30	0.010		0.018		0.84

工作内容：模板及支撑制作、安装、拆除、维护、整理、刷油、洞内运输及堆放等。

编号	项目	单位	预算基价				人工	材料			
			总价	人工费	材料费	机械费	综合工	组合钢模板	卡具	板枋材	钢支撑
			元	元	元	元	工日	kg	kg	m^3	kg
							135.00	10.97	3.16	2001.17	7.46
3-98	现浇站台板模板	m^2	**63.86**	43.20	19.72	0.94	0.32	0.612	0.267	0.003	0.177

续前

编号	项目	单位	材料						机械		
			铁钉	脱模剂	扣件	镀锌钢丝 0.7～0.9	垫木	零星材料费	载货汽车 5t	木工圆锯机 500mm	卷扬机 电动双筒慢速 50kN
			kg	kg	kg	kg	m^3	元	台班	台班	台班
			6.68	5.26	6.49	7.37	1049.18		443.55	26.53	236.29
3-98	现浇站台板模板	m^2	0.006	0.100	0.140	0.002	0.003	0.20	0.001	0.001	0.002

工作内容：模板及支撑制作、安装、拆除、维护、整理、刷油、洞内运输及堆放等。

编号	项目	单位	预算基价				人工	材料									机械		
			总价	人工费	材料费	机械费	综合工	组合钢模板	卡具	板枋材	钢支撑	铁钉	镀锌钢丝 0.7~0.9	脱模剂	扣件	零星材料费	载货汽车 5t	木工圆锯机 500mm	卷扬机 电动双筒慢速 50kN
			元	元	元	元	工日	kg	kg	m^3	kg	kg	kg	kg	kg	元	台班	台班	台班
							135.00	10.97	3.16	2001.17	7.46	6.68	7.37	5.26	6.49		443.55	26.53	236.29
3-99	洞顶填充混凝土模板	m^2	**93.36**	58.05	25.91	9.40	0.43	0.503	0.257	0.007	0.500	0.072	0.149			0.26	0.019	0.001	0.004
3-100	底板填充混凝土模板	m^2	**62.16**	48.60	12.33	1.23	0.36	0.419	0.176	0.001	0.417	0.013	0.011	0.060	0.226	0.12		0.002	0.005

工作内容：模板及支撑制作、安装、拆除、维护、整理、刷油、洞内运输及堆放等。

编号	项目		单位	预算基价 总价	预算基价 人工费	预算基价 材料费	预算基价 机械费	人工 综合工	材料 组合钢模板	材料 钢支撑	材料 扣件	材料 零星材料费	机械 载货汽车 5t	机械 卷扬机 电动双筒慢速 50kN
				元	元	元	元	工日	kg	kg	kg	元	台班	台班
								135.00	10.97	7.46	6.49		443.55	236.29
3-101	支模高度超过6m，每增1m	墙	10m²	**30.26**	21.60	1.86	6.80	0.16		0.220	0.030	0.02	0.010	0.010
3-102	支模高度超过6m，每增1m	柱	10m²	**53.43**	35.10	9.17	9.16	0.26	0.520	0.400	0.060	0.09	0.010	0.020
3-103	支模高度超过6m，每增1m	板	10m²	**91.57**	74.25	10.52	6.80	0.55		1.240	0.180	0.10	0.010	0.010
3-104	支模高度超过6m，每增1m	梁	10m²	**72.78**	64.80	1.18	6.80	0.48		0.140	0.020	0.01	0.010	0.010

4.钢筋及金属构件制作、安装工程

(1) 明挖车站钢筋工程

工作内容：钢筋除锈、调直、下料、弯曲、绑扎、焊接、成型、入模、就位等。

编号	项目		单位	预算基价				人工	材料						机械				
				总价	人工费	材料费	机械费	综合工	钢筋 *D*10以内	钢筋 *D*10以外	镀锌钢丝 0.7~0.9	水	电焊条	零星材料费	钢筋切断机 40mm	卷扬机 电动单筒慢速 50kN	钢筋弯曲机 40mm	交流弧焊机 32kV·A	对焊机 75kV·A
				元	元	元	元	工日	t	t	kg	m^3	kg	元	台班	台班	台班	台班	台班
								135.00	3970.73	3799.94	7.37	7.62	7.59		42.81	211.29	26.22	87.97	113.07
3-105	现浇混凝土钢筋	*D*10 以内	t	**5620.60**	1381.05	4158.31	81.24	10.23	1.020		9.090			41.17	0.110	0.320	0.340		
3-106	现浇混凝土钢筋	*D*10 以外	t	**5020.28**	901.80	4041.78	76.70	6.68		1.040	4.620	0.150	7.200		0.090	0.077	0.260	0.450	0.090

(2) 明挖车站金属构

工作内容：1.放样、划线、截料、平整、钻孔、拼装、焊接、成品试拼装、校正、除锈，刷防锈漆及成品编号、堆放等。2.构件装车、现场就位安装等。

编号	项目		单位	预算基价				人工	材						
				总价	人工费	材料费	机械费	综合工	钢筋 D10以内	钢筋 D10以外	等边角钢（综合）	不等边角钢（综合）	型钢	热轧薄钢板 1.6～1.9	热轧薄钢板 2.0～2.5
				元	元	元	元	工日	kg	kg	kg	kg	kg	kg	kg
								135.00	3.97	3.80	3.70	3.69	3.70	3.72	3.72
3-107	实腹钢柱	5t以内制作	t	**7121.41**	1381.05	4762.35	978.01	10.23	2.000	2.000		3.000			767.000
3-108	实腹钢柱	5t以外制作	t	**7902.05**	1383.75	5246.53	1271.77	10.25	2.000	1.000		3.000			582.000
3-109	实腹钢柱	安装	t	**563.00**	392.85	132.21	37.94	2.91							
3-110	空腹钢柱	制作	t	**7132.25**	1293.30	4853.72	985.23	9.58			87.000	94.000	189.000	293.000	29.000
3-111	空腹钢柱	安装	t	**537.25**	367.20	132.11	37.94	2.72							

件制作、安装工程

料																	机械
热轧薄钢板 2.6～3.2	热轧厚钢板 4.5～6.0	冷轧薄钢板 1.0～1.5	低碳钢电焊条	油性防锈漆	氧气 $6m^3$	乙炔气 5.5～6.5kg	铁件含制作费	镀锌钢丝 0.7～0.9	螺栓	汽油 $90^{\#}$	原木	板枋材	麻袋	麻绳	零星材料费	轮胎式起重机 20t
kg	kg	kg	kg	kg	m^3	m^3	kg	kg	kg	kg	m^3	m^3	条	kg	元	台班
3.72	3.84	4.01	6.73	15.51	2.88	16.13	9.49	7.37	8.33	7.16	1686.44	2001.17	9.23	9.28		971.35
3.000	3.000	280.000	55.920	11.600	6.990	3.040	3.000		1.740	3.000					47.15	
2.000	2.000	470.000	111.840	11.600	13.980	6.080			1.740	3.000					51.95	
			1.630		0.500	0.210	10.380	0.230			0.005	0.003	0.030	0.020	1.31	0.030
19.000	108.000	241.000	75.910	11.600	6.180	2.690			1.740	3.000					48.06	
			1.630		0.500	0.210	10.370	0.230			0.005	0.003	0.030	0.020	1.31	0.030

续前

编号	项目		单位	机械											
				门式起重机 10t	门式起重机 20t	轨道平车 10t	摇臂钻床 50mm	剪板机 40×3100	型钢剪断机 500mm	多辊板料校平机 16×2500	刨边机 12000mm	型钢矫正机	交流电焊机 32kV·A	交流电焊机 42kV·A	电动空气压缩机 $10m^3/min$
				台班	台班	台班	台班	台班	台班	台班	台班	台班	台班	台班	台班
				465.57	644.36	85.91	21.45	626.38	283.72	1184.23	566.55	257.01	87.97	122.40	375.37
3-107	实腹钢柱	5t以内制作	t	0.450	0.170	0.280	0.140	0.110	0.020	0.110	0.130	0.020		2.600	0.080
3-108	实腹钢柱	5t以外制作	t	0.450	0.170	0.280	0.140	0.110	0.020	0.110	0.130	0.020		5.000	0.080
3-109	实腹钢柱	安装	t										0.100		
3-110	空腹钢柱	制作	t	0.450	0.170	0.280	0.140	0.110	0.020	0.110	0.130	0.110		2.470	0.080
3-111	空腹钢柱	安装	t										0.100		

工作内容：1.放样、划线、截料、平整、钻孔、拼装、焊接、成品试拼装、校正、除锈，刷防锈漆及成品编号、堆放等。2.构件装车、现场就位安装等。

编号	项目		单位	预算基价				人工	材料							料
				总价	人工费	材料费	机械费	综合工	水泥砂浆 1:2	等边角钢（综合）	工字钢（综合）	槽钢（综合）	冷轧薄钢板 1.0～1.5	热轧薄钢板 2.0～2.5	原木	低碳钢电焊条
				元	元	元	元	工日	m^3	kg	kg	kg	kg	kg	m^3	kg
								135.00	350.77	3.70	3.61	2.80	4.01	3.72	1686.44	6.73
3-112	墙架、挡风架、附墙架	制作	t	**7010.53**	2677.05	3763.50	569.98	19.83		583.000	0.087	227.000		163.000		24.310
3-113	墙架、挡风架、附墙架	安装	t	**1003.72**	765.45	72.47	165.80	5.67							0.004	6.390
3-114	管道支架	制作	t	**8181.96**	3460.05	4404.69	317.22	25.63		927.000				133.000		20.730
3-115	管道支架	安装	t	**5282.53**	4951.80	84.41	246.32	36.68	0.186							1.000
3-116	金属零星构件	制作	t	**11046.99**	5368.95	4830.54	847.50	39.77		123.000			937.000			27.950
3-117	金属零星构件	安装	t	**1703.87**	1529.55	37.97	136.35	11.33								4.030

续前

编号	项目		单位	材料						机械						
				油性防锈漆	松节油	氧气 6m³	乙炔气 5.5～6.5kg	螺栓	零星材料费	汽车式起重机 12t	轮胎式起重机 20t	轨道平车 5t	摇臂钻床 50mm	剪板机 40×3100	交流电焊机 32kV•A	电动空气压缩机 10m³/min
				kg	kg	m³	m³	kg	元	台班	台班	台班	台班	台班	台班	台班
				15.51	7.93	2.88	16.13	8.33		864.36	971.35	34.17	21.45	626.38	87.97	375.37
3-112	墙架、挡风架、附墙架	制作	t	7.670		3.200	1.400	1.500	37.26		0.170	0.460	0.220	0.120	3.430	0.020
3-113	墙架、挡风架、附墙架	安装	t			0.820	0.360	1.660	0.72		0.050				1.290	0.010
3-114	管道支架	制作	t	7.670		17.990	7.820		43.61				0.640		3.450	
3-115	管道支架	安装	t			1.170	0.510		0.84						2.800	
3-116	金属零星构件	制作	t	9.200	2.440	6.390	2.780	18.830	47.83	0.140		0.820	0.050	0.230	6.290	
3-117	金属零星构件	安装	t			1.060	0.460		0.38						1.550	

(3) 盖挖、暗挖车站钢筋工程

工作内容： 钢筋除锈、制作，绑扎，焊接，就位安装，材料洞内运输及垂直运输等。

编号	项目		单位	预算基价				人工	材料					机械				
				总价	人工费	材料费	机械费	综合工	钢筋 D10以内	钢筋 D10以外	镀锌钢丝 0.7~0.9	电焊条	零星材料费	卷扬机 电动双筒慢速 50kN	钢筋切断机 40mm	钢筋弯曲机 40mm	直流电焊机 32kV·A	对焊机 75kV·A
				元	元	元	元	工日	t	t	kg	kg	元	台班	台班	台班	台班	台班
								135.00	3970.73	3799.94	7.37	7.59		236.29	42.81	26.22	92.43	113.07
3-118	钢筋	*D*10 以内	t	**6509.52**	2253.15	4155.03	101.34	16.69	1.020		5.500	3.058	41.14	0.368	0.131		0.095	
3-119	钢筋	*D*10 以外	t	**5658.99**	1429.65	4119.83	109.51	10.59		1.040	1.500	15.290	40.79	0.102	0.135	0.204	0.477	0.267

(4) 盖挖、暗挖金属构件制作、安装工程

工作内容： 1.钢梯制作：放样，划线，截料，平直，钻孔，拼装，焊接，成品矫正对齐，除锈等。2.安装：安装校正，拧紧螺栓，电焊固定，清扫，洞内运输等。

编号	项目		单位	预算基价				人工	材料							
				总价	人工费	材料费	机械费	综合工	角钢	工字钢（综合）	钢筋 D10以外	钢板 4.5～10.0	螺栓	电焊条	氧气 $6m^3$	乙炔气
				元	元	元	元	工日	kg	kg	kg	kg	kg	kg	m^3	kg
								135.00	2.78	3.61	3.80	3.79	8.33	7.59	2.88	14.66
3-120	钢梯	制作	t	**9726.89**	4484.70	4423.02	819.17	33.22	74.000	85.000	230.000	670.000	1.740	24.990	6.160	2.050
3-121	钢梯	安装	t	**3259.88**	2894.40	95.06	270.42	21.44						12.400		

续前

编号	项目		单位	材料			机械								
				防锈漆	汽油 90#	零星材料费	门式起重机 10t	电动空气压缩机 $10m^3/min$	型钢剪断机 500mm	剪板机 20×4000	型钢矫正机	钢板校平机	刨边机 12000mm	卷扬机 电动双筒慢速 50kN	交流电焊机 32kV·A
				kg	kg	元	台班	台班	台班	台班	台班	台班	台班	台班	台班
				15.51	7.16		465.57	375.37	283.72	435.56	257.01	1117.56	566.55	236.29	87.97
3-120	钢梯	制作	t	11.600	3.000	43.79	0.495	0.088	0.121	0.022	0.121	0.022	0.033		4.972
3-121	钢梯	安装	t			0.94								0.102	2.800

5.防 水 工 程

(1) 明挖车站防水工程

工作内容： 基层表面清理、修整，喷涂基层处理剂，节点附加增强处理，定位、弹性、试铺，铺贴卷材，收头，节点密封，清理、检查、修整。

编号	项目		单位	预算基价				人工	材料			
				总价	人工费	材料费	机械费	综合工	SBS改性沥青防水卷材	EVA聚氯乙烯卷材2mm厚	铝合金压条	PVC防水板2mm厚
				元	元	元	元	工日	m^2	m^2	m	m^2
								135.00			7.85	15.06
3-122	SBS改性沥青防水卷材（聚合物）		m^2	**31.67**	25.65	5.55	0.47	0.19	(1.265)			
3-123	SBS改性沥青防水卷材（聚合物）	每增一层	m^2	**23.53**	21.60	1.46	0.47	0.16	(1.377)			
3-124	EVA聚氯乙烯卷材（高分子）	平面	m^2	**15.19**	9.45	5.27	0.47	0.07		(1.245)	0.60	
3-125	EVA聚氯乙烯卷材（高分子）	立面	m^2	**17.89**	12.15	5.27	0.47	0.09		(1.245)	0.60	
3-126	PVC防水板		m^2	**41.24**	21.60	19.17	0.47	0.16				1.245

续前

编号	项目		单位	材料							机械
				改性乳化沥青	聚氨酯甲料	聚氨酯乙料	石油液化气	自攻螺丝	水	零星材料费	卷扬机电动双筒慢速50kN
				kg	kg	kg	kg	100个	m^3	元	台班
				4.81	15.28	14.85	3.19	6.55	7.62		236.29
3-122	SBS改性沥青防水卷材（聚合物）		m^2	0.30	0.054	0.081	0.22			1.38	0.002
3-123	SBS改性沥青防水卷材（聚合物）	每增一层	m^2							1.46	0.002
3-124	EVA聚氯乙烯卷材（高分子）	平面	m^2					0.012	0.004	0.45	0.002
3-125	EVA聚氯乙烯卷材（高分子）	立面	m^2					0.012	0.004	0.45	0.002
3-126	PVC防水板		m^2						0.030	0.19	0.002

工作内容： 1.清理基层，找平层分格缝嵌油膏，防水薄弱处刷膜附加层。2.刷底胶，铺贴卷材，接缝嵌油膏，做收头。3.聚苯乙烯泡沫隔离层：清理基层，刷胶粘剂，粘贴保护层。

编号	项目	单位	预算基价 总价	预算基价 人工费	预算基价 材料费	预算基价 机械费	人工 综合工	材料 聚苯乙烯泡沫塑料板 30mm	材料 聚氨酯甲组分	材料 聚氨酯乙组分	材料 射钉垫片	材料 土工布	材料 非焦油聚氨酯涂料	材料 零星材料费	机械 卷扬机电动双筒慢速 50kN
			元	元	元	元	工日	m^2	kg	kg	套	m^2	kg	元	台班
							135.00	12.11	30.65	30.65	1.00	6.84	12.98		236.29
3-127	聚苯乙烯泡沫保护层	m^2	**32.34**	14.85	17.02	0.47	0.11	1.05	0.054	0.081				0.17	0.002
3-128	土工布	m^2	**43.32**	29.70	13.15	0.47	0.22				4.50	1.245		0.13	0.002
3-129	土工布 每增一层	m^2	**33.87**	20.25	13.15	0.47	0.15				4.50	1.245		0.13	0.002
3-130	非焦油聚氨酯防水涂料 2mm厚	m^2	**55.93**	13.50	41.96	0.47	0.10						3.200	0.42	0.002
3-131	非焦油聚氨酯防水涂料 每增（减）0.5mm	m^2	**13.86**	2.70	10.69	0.47	0.02						0.815	0.11	0.002

工作内容： 清理基层，调制混凝土、砂浆、灌缝膏，纵横扫水泥浆，铺灌混凝土或砂浆，压实，抹光，分格缝。

编号	项目		单位	预算基价				人工	材料					机械	
				总价	人工费	材料费	机械费	综合工	水泥砂浆 1:2	预拌混凝土 AC25	板材	水	零星材料费	灰浆搅拌机 200L	混凝土输送泵 $30m^3/h$
				元	元	元	元	工日	m^3	m^3	m^3	m^3	元	台班	台班
								135.00	350.77	461.24	2302.20	7.62		208.76	650.38
3-132	水泥砂浆保护层	25mm 厚	m^2	**32.27**	12.15	11.27	8.85	0.09	0.025		0.001	0.012	0.11	0.005	0.012
3-133	水泥砂浆保护层	每增(减) 10mm	m^2	**18.16**	4.05	5.89	8.22	0.03	0.010		0.001	0.003	0.06	0.002	0.012
3-134	细石混凝土保护层		m^3	**1106.57**	378.00	513.94	214.63	2.80		1.02	0.016	0.204	5.09		0.330

工作内容：1.施工准备，凿毛、清理。2.钢板剪裁，焊接成型，铺设。3.止水带剪裁，接头及安装。4.填缝、收口。

编号	项目		单位	预算基价				人工	材料							
				总价	人工费	材料费	机械费	综合工	紫铜板（紫铜板止水带）	钢板腻子止水带250mm宽	热轧薄钢板3.5～5.5	不锈钢板δ≤4	橡胶止水带	铜焊条	电焊条	不锈钢电焊条
				元	元	元	元	工日	kg	m	kg	kg	m	kg	kg	kg
								135.00			3.70	17.45	38.50	45.64	7.59	66.08
3-135	变形缝	紫铜板止水带	m	**40.48**	29.70	9.84	0.94	0.22	(8.109)					0.143		
3-136		钢板止水带		**61.81**	25.65	35.22	0.94	0.19			9.00				0.207	
3-137		不锈钢止水带		**51.36**	31.05	19.37	0.94	0.23				0.315				0.207
3-138		橡胶止水带		**56.16**	12.15	44.01		0.09					1.05			
3-139	施工缝	钢板腻子止水带		**56.19**	36.45	19.49	0.25	0.27		(1.05)					0.008	
3-140	接水槽	不锈钢板		**50.00**	39.15	10.85		0.29				0.318				

续前

编号	项目		单位	材料										机械			
				丙酮	环氧树脂6101	甲苯	乙二胺	钢筋D10以内	收口板	镀锌钢丝0.7～1.2	焊锡	铁件含制作费	零星材料费	剪板机20×2500	钢筋调直机14mm	钢筋切断机40mm	交流电焊机32kV·A
				kg	kg	kg	kg	kg	m^2	kg	kg	kg	元	台班	台班	台班	台班
				9.89	28.33	10.17	21.96	3.97	265.00	7.34	59.85	9.49		329.03	37.25	42.81	87.97
3-135	变形缝	紫铜板止水带	m										3.31	0.001			0.007
3-136	变形缝	钢板止水带	m										0.35	0.001			0.007
3-137	变形缝	不锈钢止水带	m										0.19	0.001			0.007
3-138	变形缝	橡胶止水带	m	0.03	0.03	0.024	0.002						2.15				
3-139	施工缝	钢板腻子止水带	m					0.006	0.07	0.027			0.66		0.002	0.002	0.001
3-140	接水槽	不锈钢板	m								0.031	0.352	0.11				

(2) 暗挖、盖挖车站防水工程

工作内容： 基层表面清理、修整、喷涂基层处理剂、节点附加增强处理、定位、弹性、试铺、铺贴、固定、收头、节点密封、清理、检查、修整。

编号	项目		单位	预算基价				人工	材料			
				总价	人工费	材料费	机械费	综合工	SBS改性沥青防水卷材	乳化橡胶沥青	ECB防水板2mm厚	EVA防水板2mm厚
				元	元	元	元	工日	m^2	kg	m^2	m^2
								135.00		2.83	46.65	37.31
3-141	SBS改性沥青防水卷材（聚合物）		m^2	**32.49**	29.70	2.32	0.47	0.22	(1.377)	0.30		
3-142	SBS改性沥青防水卷材（聚合物）	每增一层	m^2	**23.53**	21.60	1.46	0.47	0.16	(1.377)			
3-143	ECB防水板		m^2	**107.94**	43.20	60.58	4.16	0.32			1.245	
3-144	EVA防水板		m^2	**94.27**	43.20	46.91	4.16	0.32				1.245
3-145	LDPE卷材		m^2	**105.85**	43.20	62.18	0.47	0.32				

编号	项目		单位	材料					机械	
				LDPE防水卷材	PE泡沫板	射钉垫片	塑料焊条	零星材料费	热合机	卷扬机 电动双筒慢速 50kN
				m^2	m^2	套	kg	元	台班	台班
				36.42	9.52	1.00	13.07		73.71	236.29
3-141	SBS改性沥青防水卷材（聚合物）		m^2					1.47		0.002
3-142	SBS改性沥青防水卷材（聚合物）	每增一层	m^2					1.46		0.002
3-143	ECB防水板		m^2		0.20			0.60	0.05	0.002
3-144	EVA防水板		m^2					0.46	0.05	0.002
3-145	LDPE卷材		m^2	1.257	1.05	5.00	0.06	0.62		0.002

工作内容：1.清理基层，刷胶粘剂，粘贴保护层。2.刷底胶，铺贴卷材，接缝嵌油膏，收头。

编号	项目		单位	预算基价				人工	材料						机械
				总价	人工费	材料费	机械费	综合工	聚苯乙烯泡沫塑料板 30mm	聚氨酯甲组分	聚氨酯乙组分	射钉垫片	土工布	零星材料费	卷扬机 电动双筒慢速 50kN
				元	元	元	元	工日	m^2	kg	kg	套	m^2	元	台班
								135.00	12.11	30.65	30.65	1.00	6.84		236.29
3-146	聚苯乙烯泡沫保护层		m^2	**36.39**	18.90	17.02	0.47	0.14	1.05	0.054	0.081			0.17	0.002
3-147	土工布		m^2	**43.32**	29.70	13.15	0.47	0.22				4.50	1.245	0.13	0.002
3-148	土工布	每增一层	m^2	**33.87**	20.25	13.15	0.47	0.15				4.50	1.245	0.13	0.002

工作内容：清理基层，调制混凝土、砂浆、灌缝膏，纵横扫水泥浆，铺灌混凝土或砂浆，压实，抹光，分格缝。

编号	项目	单位	预算基价				人工	材料			机械
			总价	人工费	材料费	机械费	综合工	预拌混凝土 AC15	预拌砂浆 RS20	零星材料费	混凝土输送泵 $30m^3/h$
			元	元	元	元	工日	m^3	m^3	元	台班
							135.00	439.88	281.08		650.38
3-149	细石混凝土保护层	m^3	**908.07**	453.60	453.17	1.30	3.36	1.02		4.49	0.002
3-150	水泥砂浆找平层	m^2	**24.56**	10.80	5.96	7.80	0.08		0.021	0.06	0.012

工作内容：安装、固定、涂刷等。

编号	项目	单位	预算基价				人工	材料					机械
			总价	人工费	材料费	机械费	综合工	不锈钢接水盒	环氧聚氨酯嵌缝膏	防水涂料	油毡	零星材料费	卷扬机电动双筒慢速50kN
			元	元	元	元	工日	m	kg	kg	m^2	元	台班
							135.00		5.76	16.85	3.83		236.29
3-151	不锈钢板接水盒	m	**41.02**	39.15	1.63	0.24	0.29	(1.02)	0.24			0.25	0.001
3-152	聚氨酯防水涂料	m^2	**75.18**	20.25	54.46	0.47	0.15			3.20		0.54	0.002
3-153	隔离层	m^2	**11.70**	6.75	4.48	0.47	0.05				1.16	0.04	0.002

6.其 他 工 程

(1) 预埋件、钢筋接头、植筋

工作内容：制作,洞内运输,安装,焊接等。

编号	项目		单位	预算基价				人工	材料				机械	
				总价	人工费	材料费	机械费	综合工	钢板 4.5～20.0	钢管	电焊条	零星材料费	交流电焊机 32kV·A	卷扬机 电动双筒慢速 50kN
				元	元	元	元	工日	kg	kg	kg	元	台班	台班
								135.00	3.73	3.81	7.59		87.97	236.29
3-154	预埋件	铁件	t	**8736.77**	4018.95	4269.31	448.51	29.77	1060.000		36.000	42.27	4.110	0.368
3-155	预埋件	钢管	t	**8592.36**	4001.40	4262.97	327.99	29.64		1060.000	24.000	42.21	2.740	0.368

工作内容：场地清理、除锈、调直、校正、配料、钢筋端头加工、机具准备、洞内运输、搭设简易架子、连接等。

编号	项目		单位	预算基价				人工	材料									机械
				总价	人工费	材料费	机械费	综合工	锥螺纹套筒 D20以内	锥螺纹套筒 D25以内	锥螺纹套筒 D32以内	锥螺纹套筒 D45以内	直螺纹套筒 D20以内	直螺纹套筒 D25以内	直螺纹套筒 D32以内	直螺纹套筒 D45以内	零星材料费	套丝机 159mm
				元	元	元	元	工日	个	个	个	个	个	个	个	个	元	台班
								135.00	2.20	3.10	4.10	3.05	1.13	1.55	2.51	4.90		21.98
3-156	锥螺纹套筒接头	*D*≤20	10个	**120.24**	94.50	22.44	3.30	0.70	10.100								0.22	0.150
3-157		*D*≤25		**130.30**	94.50	31.62	4.18	0.70		10.100							0.31	0.190
3-158		*D*≤32		**171.11**	125.55	41.82	3.74	0.93			10.100						0.41	0.170
3-159		*D*≤45		**185.59**	149.85	31.12	4.62	1.11				10.100					0.31	0.210
3-160	直螺纹套筒接头	*D*≤20		**286.36**	270.00	11.52	4.84	2.00					10.100				0.11	0.220
3-161		*D*≤25		**349.11**	326.70	15.82	6.59	2.42						10.100			0.16	0.300
3-162		*D*≤32		**386.99**	353.70	25.60	7.69	2.62							10.100		0.25	0.350
3-163		*D*≤45		**504.87**	442.80	49.98	12.09	3.28								10.100	0.49	0.550

工作内容：场地清理、除锈、调直、校正、配料、钢筋端头加工、机具准备、洞内运输、搭设简易架子、连接等。

编号	项目		单位	预算基价				人工	材料					机械
				总价	人工费	材料费	机械费	综合工	冷挤压套筒D20以内	冷挤压套筒D25以内	冷挤压套筒D32以内	冷挤压套筒D45以内	零星材料费	冷挤压成型机
				元	元	元	元	工日	个	个	个	个	元	台班
								135.00	3.75	4.56	6.46	8.07		29.87
3-164	冷挤压接头	$D\leqslant20$	10个	**85.33**	40.50	38.26	6.57	0.30	10.10				0.38	0.220
3-165	冷挤压接头	$D\leqslant25$	10个	**109.48**	54.00	46.52	8.96	0.40		10.10			0.46	0.300
3-166	冷挤压接头	$D\leqslant32$	10个	**157.35**	81.00	65.90	10.45	0.60			10.10		0.65	0.350
3-167	冷挤压接头	$D\leqslant45$	10个	**206.76**	108.00	82.33	16.43	0.80				10.10	0.82	0.550

工作内容：定位、钻孔、清孔、钢筋加工成型、注胶、植筋、养护等。

编号	项目		单位	预算基价				人工	材料			机械
				总价	人工费	材料费	机械费	综合工	钢筋	结构胶	零星材料费	冲击钻机22型(电动)
				元	元	元	元	工日	kg	kg	元	台班
								135.00	3.89	43.70		164.85
3-168	钢筋植筋（孔深15*d*）	*D*12 以内	10根	**378.19**	297.00	46.57	34.62	2.20	3.99	0.70	0.46	0.21
3-169		*D*20 以内		**829.76**	526.50	224.13	79.13	3.90	12.11	4.00	2.22	0.48
3-170		*D*25 以内		**1117.21**	688.50	323.21	105.50	5.10	23.96	5.19	3.20	0.64
3-171		*D*32 以内		**1673.57**	931.50	618.43	123.64	6.90	49.56	9.60	6.12	0.75

工作内容：定位、钻孔、清孔、钢筋加工成型、注胶、植筋、养护等。

编号	项目		单位	预算基价				人工	材料			机械
				总价	人工费	材料费	机械费	综合工	钢筋	结构胶	零星材料费	冲击钻机22型(电动)
				元	元	元	元	工日	kg	kg	元	台班
								135.00	3.89	43.70		164.85
3-172	钢筋植筋每增减 10mm（孔深）	*D*12 以内	10根	**17.27**	13.50	2.12	1.65	0.10	0.09	0.04	0.02	0.01
3-173		*D*20 以内		**22.07**	13.50	6.92	1.65	0.10	0.30	0.13	0.07	0.01
3-174		*D*25 以内		**25.31**	13.50	8.51	3.30	0.10	0.37	0.16	0.08	0.02
3-175		*D*32 以内		**28.66**	13.50	11.86	3.30	0.10	0.66	0.21	0.12	0.02

(2) 车站混凝土凿孔

工作内容：定位、打孔、清理等。

编号	项目			单位	预算基价 总价 元	预算基价 人工费 元	人工 综合工 工日 135.00
3-176	人工凿孔（洞）	砖结构	洞口截面：100×100 以内	m^3	**4064.85**	4064.85	30.11
3-177	人工凿孔（洞）	砖结构	洞口截面：300×300 以内	m^3	**2540.70**	2540.70	18.82
3-178	人工凿孔（洞）	砖结构	洞口截面：300×300 以外	m^3	**1780.65**	1780.65	13.19

工作内容：准备、测量、划线、钻孔、清理孔洞。

编号	项目			单位	预算基价 总价	预算基价 人工费	预算基价 机械费	人工 综合工	机械 冲击成孔机 CZ-30
					元	元	元	工日	台班
								135.00	583.49
3-179	机械钻孔（洞）	混凝土	孔径 65mm 以内	个	**39.54**	16.20	23.34	0.12	0.040
3-180			孔径 108mm 以内		**52.12**	22.95	29.17	0.17	0.050
3-181			孔径 150mm 以内		**81.78**	35.10	46.68	0.26	0.080
3-182			孔径 200mm 以内		**138.82**	51.30	87.52	0.38	0.150
3-183		砖墙	孔径 65mm 以内		**26.95**	9.45	17.50	0.07	0.030
3-184			孔径 108mm 以内		**31.00**	13.50	17.50	0.10	0.030
3-185			孔径 150mm 以内		**50.77**	21.60	29.17	0.16	0.050
3-186			孔径 200mm 以内		**77.73**	31.05	46.68	0.23	0.080

(3) 钢支撑制作

工作内容：下料,制作,定位,场内运输,堆放等。

编号	项目		单位	预算基价				人工	材料						机械					
				总价	人工费	材料费	机械费	综合工	型钢	卷焊钢管	热轧厚钢板 14.0~16.0	电焊条	铁件 含制作费	零星材料费	载货汽车 4t	履带式起重机 25t	交流电焊机 32kV·A	立式钻床 50mm	剪板机 40×3100	切割机
				元	元	元	元	工日	kg	kg	t	kg	kg	元	台班	台班	台班	台班	台班	台班
								135.00	3.70	3.47	3820.00	7.59	9.49		417.41	824.31	87.97	20.33	626.38	72.51
3-187	钢支撑制作	钢管	t	**4795.74**	2116.80	1526.27	1152.67	15.68		200	0.02	43.37	43.37	15.11	1.250	0.100	5.440	0.050	0.110	
3-188	钢支撑制作	型钢	t	**5256.20**	2227.50	1847.30	1181.40	16.50	210		0.02	57.12	57.12	18.29	1.250	0.210	5.440			0.110

(4) 钢支撑运输

工作内容： 装车，运输，指定地点卸车堆放等。

编号	项目		单位	预算基价 总价	预算基价 人工费	预算基价 材料费	预算基价 机械费	人工 综合工	材料 板枋材	材料 零星材料费	机械 汽车式起重机 10t	机械 汽车式起重机 16t	机械 载货汽车 8t
				元	元	元	元	工日	kg	元	台班	台班	台班
								135.00	0.60		838.68	971.12	521.59
3-189	钢管支撑运输	1km 以内	10t	**544.53**	206.55	11.92	326.06	1.53	0.030	11.90		0.180	0.290
3-190	钢管支撑运输	每增 1km	10t	**49.47**	18.90		30.57	0.14				0.010	0.040
3-191	型钢构件运输	1km 以内	10t	**265.45**	94.50	2.92	168.03	0.70	0.030	2.90	0.020		0.290
3-192	型钢构件运输	每增 1km	10t	**48.44**	10.80		37.64	0.08			0.020		0.040

（5）明挖车站钢支撑安装拆除

工作内容： 1.定位放样、槽壁面凿出预埋件、钢牛腿焊接、支撑拼装、焊接安全栏杆、安装定位、活络接头固定、拆除等。2.切割、吊运至地面、堆放及装车等。

编号	项目		单位	预算基价 总价	预算基价 人工费	预算基价 材料费	预算基价 机械费	人工 综合工	材料 电焊条	材料 沥青枕木	材料 钢支撑	材料 钢板（中厚）	材料 铁件含制作费	材料 零星材料费	机械 履带式起重机25t	机械 履带式起重机40t	机械 载货汽车4t	机械 电动空气压缩机 $10m^3/min$	机械 交流电焊机32kV·A
				元	元	元	元	工日	kg	m^3	kg	kg	kg	元	台班	台班	台班	台班	台班
								135.00	7.59	7280.00	7.46	3.88	9.49		824.31	1302.22	417.41	375.37	87.97
3-193	钢支撑（10m以内）	安装	t	**1072.95**	270.00	559.60	243.35	2.00	1.090	0.030	25.000	7.890	11.620	5.54	0.231		0.055	0.033	0.200
3-194	钢支撑（10m以内）	拆除	t	**586.95**	356.40	5.06	225.49	2.64	0.660					0.05	0.220		0.055	0.033	0.100
3-195	钢支撑（10m以外）	安装	t	**1161.42**	260.55	471.72	429.15	1.93	6.600	0.020	25.000	4.750	7.000	4.67		0.231	0.055	0.187	0.400
3-196	钢支撑（10m以外）	拆除	t	**664.93**	305.10	24.53	335.30	2.26	3.200					0.24		0.220	0.055	0.022	0.200

（6）明挖车站脚手架工程

工作内容： 1.立杆、驳接上扣，铺板、绑扎，立柱垫脚等全部搭设工程。2.施工期间的加固维修和安全管理，完工拆除工作。3.拆架后的材料分类整理、绑扎及场内外运输，钢棚料及附件的油漆维护。

编号	项目		单位	预算基价				人工	材料									机械
				总价	人工费	材料费	机械费	综合工	红丹酚醛防锈漆	松节油	底座	脚手架接驳管	活动扣件	直角扣件	钢管 D51×3.5	木脚手板	零星材料费	载货汽车 6t
				元	元	元	元	工日	kg	kg	个	支	个	个	m	m^3	元	台班
								135.00	17.27	7.93	6.71	5.74	5.62	6.42	17.21	1930.95		461.82
3-197	单排脚手架	高度 10m以内	m^2	**65.66**	5.40	59.80	0.46	0.04	0.023	0.003	0.002	0.012	0.004	0.026	0.034	0.03	0.59	0.001
3-198	单排脚手架	高度 20m以内	m^2	**146.96**	8.10	138.40	0.46	0.06	0.033	0.004	0.002	0.017	0.011	0.038	0.049	0.07	1.37	0.001
3-199	双排脚手架	高度 10m以内	m^2	**113.90**	12.15	100.36	1.39	0.09	0.051	0.007	0.004	0.026	0.009	0.057	0.075	0.05	0.99	0.003
3-200	双排脚手架	高度 20m以内	m^2	**200.01**	18.90	179.72	1.39	0.14	0.074	0.009	0.004	0.038	0.025	0.085	0.109	0.09	1.78	0.003

工作内容： 1.立杆、驳、铺板、垫脚、挂安全网等全部搭设工程。2.施工期间的维修、加固防火，钢管的油漆保养等工作。3.拆架、清场、分类归堆及场内外运输。

编号	项目		单位	预算基价				人工	材料									机械
				总价	人工费	材料费	机械费	综合工	木脚手板	红丹酚醛防锈漆	松节油	底座	脚手架接驳管	活动扣件	直角扣件	钢管 $D51\times3.5$	零星材料费	载货汽车 6t
				元	元	元	元	工日	m^3	kg	kg	个	支	个	个	m	元	台班
								135.00	1930.95	17.27	7.93	6.71	5.74	5.62	6.42	17.21		461.82
3-201	风井、电梯井脚手架	高度 20m 以内	座	**1647.66**	1343.25	276.70	27.71	9.95	0.04	2.260	0.260	0.150	0.300	1.220	2.510	7.550	2.74	0.060
3-202	风井、电梯井脚手架	高度 30m 以内	座	**2725.90**	2066.85	594.40	64.65	15.31	0.08	5.070	0.580	0.200	0.810	2.840	4.260	17.000	5.89	0.140

(7) 盖挖、暗挖车站钢支撑安装拆除

工作内容： 1.定位放样、槽壁面凿出预埋件、钢牛腿焊接、支撑拼装、安装定位、活络接头固定，材料竖井提升及洞内水平搬运等。2.切割、吊运至洞外、堆放及装车等。

编号	项目		单位	预算基价				人工	材料						机械			
				总价	人工费	材料费	机械费	综合工	电焊条	沥青枕木	钢支撑	钢板（中厚）	铁件含制作费	零星材料费	载货汽车 4t	电动空气压缩机 10m³/min	交流电焊机 32kV·A	卷扬机电动双筒慢速 50kN
				元	元	元	元	工日	kg	m³	kg	kg	kg	元	台班	台班	台班	台班
								135.00	7.59	7280.00	7.46	3.88	9.49		417.41	375.37	87.97	236.29
3-203	钢支撑（10m以内）	安装	t	**1058.56**	355.05	559.60	143.91	2.63	1.090	0.030	25.000	7.890	11.620	5.54	0.055	0.033	0.200	0.385
3-204	钢支撑（10m以内）	拆除	t	**608.62**	468.45	5.06	135.11	3.47	0.660					0.05	0.055	0.033	0.100	0.385
3-205	钢支撑（10m以外）	安装	t	**1031.23**	340.20	471.72	219.31	2.52	6.600	0.020	25.000	4.750	7.000	4.67	0.055	0.187	0.400	0.385
3-206	钢支撑（10m以外）	拆除	t	**566.61**	402.30	24.53	139.78	2.98	3.200					0.24	0.055	0.022	0.200	0.385

(8) 盖挖、暗挖车站洞内临时工程

工作内容：1.铺设管道、清除污物、维修保养、拆除及材料运输。2.线路铺设、安全检查、安装、随用随移、维修保养、拆除及材料运输。

编号	项目		单位	预算基价				人工	材料			
				总价	人工费	材料费	机械费	综合工	粘胶布风管	镀锌钢丝 0.7～0.9	环氧煤沥青漆	螺栓
				元	元	元	元	工日	m	kg	kg	kg
								135.00	10.26	7.37	16.15	8.33
3-207	洞内通风	一季度以内	100m	**8801.58**	4860.00	127.55	3814.03	36.00	8.300	3.800	0.400	0.800
3-208	洞内通风	每增一季度	100m	**6069.98**	2160.00	95.95	3814.03	16.00	8.300		0.300	0.600
3-209	洞内动力	一季度以内	100m	**5942.75**	4995.00	947.75		37.00				0.500
3-210	洞内动力	每增一季度	100m	**2242.22**	1620.00	622.22		12.00				0.100

续前

编号	项目		单位	材料								机械
				橡胶四芯软缆	板枋材	铁壳闸刀 30A/3	熔断器 220V/100A	端子板	三相四孔插座 15A	醇酸防锈漆	零星材料费	轴流通风机 30kW
				m	m^3	个	个	组	个	kg	元	台班
				96.26	2001.17	47.10	9.10	7.62	8.65	13.20		139.30
3-207	洞内通风	一季度以内	100m								1.26	27.38
3-208	洞内通风	每增一季度	100m								0.95	27.38
3-209	洞内动力	一季度以内	100m	7.300	0.100	0.100	0.800	0.300	0.300	1.100	9.38	
3-210	洞内动力	每增一季度	100m	6.300					0.100	0.600	6.16	

工作内容：铺设管道、安装阀门、清除污物、除锈、维修保养、拆除及材料运输。

编号	项目		单位	预算基价				人工	材料						
				总价	人工费	材料费	机械费	综合工	钢管 $D50\times4$	钢管 $D100\times6$	管卡子 $DN50$	管箍 $DN50$	压制弯头 $D50$	压制弯头 $D100$	平焊法兰 $DN100$
				元	元	元	元	工日	kg	kg	个	个	个	个	副
								135.00	4.20	4.50	2.81	3.86	2.87	11.28	65.99
3-211	洞内水管 $\phi50$	一季度以内	100m	**4588.69**	4455.00	119.17	14.52	33.00	19.900		5.000	1.500	2.000		
3-212		每增一季度		**1429.84**	1350.00	72.07	7.77	10.00	13.600		2.000	0.600	1.000		
3-213	洞内水管 $\phi100$	一季度以内		**5728.76**	5130.00	452.70	146.06	38.00		60.700				2.000	0.600
3-214		每增一季度		**1764.34**	1350.00	310.66	103.68	10.00		41.600				1.000	0.500

编号	项目		单位	材料							机械				
				阀门 *DN*50	阀门 *DN*100	铅油（厚漆）	螺栓	电焊条	醇酸防锈漆	零星材料费	管子切断机 60mm	管子切断机 150mm	套丝机 159mm	直流弧焊机 32kV·A	弯管机 WC27-108
				个	个	kg	kg	kg	kg	元	台班	台班	台班	台班	台班
				34.37	229.50	9.80	8.33	7.59	13.20		16.87	33.97	21.98	92.43	78.53
3-211	洞内水管 ϕ50	一季度以内	100m	0.200		0.200				1.18	0.600		0.200		
3-212		每增一季度		0.100						0.71	0.200		0.200		
3-213	洞内水管 ϕ100	一季度以内			0.200		4.000	2.700	1.000	4.48		0.300		1.300	0.200
3-214		每增一季度			0.100		3.200	2.100	0.800	3.08		0.100		1.000	0.100

工作内容：线路沿壁架设、安装、施工照明随用随移、安全检查、维修保养、拆除及材料运输。

编号	项目		单位	预算基价			人工	材料									
				总价	人工费	材料费	综合工	防水灯头	灯泡	螺栓	橡胶三芯软缆	板枋材	熔断器 220V/100A	电	铁壳闸刀 100A/2	醇酸防锈漆	零星材料费
				元	元	元	工日	个	个	kg	m	m^3	个	kW•h	个	kg	元
							135.00	2.47	1.33	8.33	43.97	2001.17	9.10	0.75	35.90	13.20	
3-215	洞内照明	一季度以内	100m	**11143.55**	4590.00	6553.55	34.00	14.000	52.000	1.100	7.300	0.100	0.500	7776.000	0.100	1.100	64.89
3-216	洞内照明	每增一季度	100m	**7837.40**	1620.00	6217.40	12.00		28.000	0.200	6.300			7776.000		0.600	61.56

工作内容：铺设枕木、轻轨，校正调顺，固定，拆除，材料运输及维修保养。

编号	项目		单位	预算基价 总价	人工费	材料费	人工 综合工	材料 枕木	钢轨	螺栓	钢板	道钉	镀锌钢丝 0.7~0.9	铁钉	鱼尾板	零星材料费
				元	元	元	工日	m^3	kg	kg	kg	个	kg	kg	kg	元
							135.00	3457.47	3.83	8.33	3.37	4.60	7.37	6.68	4.77	
3-217	洞内轨道	一季度以内	100m	**9494.66**	6615.00	2879.66	49.00	0.500	216.000	2.400	23.900	10.400	13.700	1.000	8.200	28.51
3-218	洞内轨道	每增一季度	100m	**3289.47**	1350.00	1939.47	10.00	0.400	96.000	1.800	18.900	8.200	2.700	0.200	6.700	19.20

(9) 盖挖、暗挖车站洞内脚手架工程

工作内容： 清理现场，搭脚手架，挂安全网，拆除，堆放，材料洞内水平运输及竖井提升等。

编号	项目		单位	预算基价			人工	材料					
				总价	人工费	材料费	综合工	脚手管 φ48	脚手管(扣)件	底座	木脚手板	安全网	零星材料费
				元	元	元	工日	kg	个	个	m^2	m^2	元
							135.00	2.35	6.45	6.71	46.50	10.64	
3-219	单排脚手架	4m 以内	m^2	**11.44**	8.10	3.34	0.06	0.210	0.022	0.002	0.051	0.027	0.03
3-220	单排脚手架	8m 以内	m^2	**11.81**	8.10	3.71	0.06	0.360	0.044	0.003	0.051	0.014	0.04
3-221	双排脚手架	4m 以内	m^2	**14.79**	10.80	3.99	0.08	0.270	0.032	0.005	0.060	0.027	0.04
3-222	双排脚手架	8m 以内	m^2	**16.76**	12.15	4.61	0.09	0.500	0.065	0.004	0.060	0.014	0.05

7.降 水 工 程

(1) 轻型井点降水

工作内容： 1.安装：井管装配，地面试管，铺总管，安装、拆除水泵，钻机安装、拆除，钻孔沉管，试抽。2.使用：抽水，井管堵漏。3.拆除：拔管，拆管，灌砂，清洗整理，堆放。

编号	项目	单位	预算基价				人工	材料						机械			
			总价	人工费	材料费	机械费	综合工	轻型井点总管 ϕ100	轻型井点井管 ϕ40	中粗砂	胶管	水	零星材料费	轻便钻机 XJ-100	电动多级离心清水泵 150mm 扬程180m以下	射流井点泵 9.50m	污泥泵 100mm
			元	元	元	元	工日	m	m	m^3	m	m^3	元	台班	台班	台班	台班
							135.00	42.22	51.31	89.35	12.32	7.62		226.54	272.68	61.90	204.13
3-223	安装	根	**290.40**	163.35	86.96	40.09	1.21	0.001	0.022	0.472	0.170	5.336	0.86	0.057	0.057		0.057
3-224	拆除	根	**59.13**	58.05	1.08		0.43			0.012			0.01				
3-225	使用	套·天	**697.32**	405.00	44.72	247.60	3.00	0.040	0.830				0.44			4.000	

(2) 喷射井点降水

工作内容： 1.安装：井管装配，地面试管，铺总管，安装、拆除水泵，钻机安装、拆除，钻机沉管，试抽。2.使用：抽水，井管堵漏。3.拆除：拔管，拆管，灌砂，清洗整理，堆放。

编号	项目		单位	预算基价 总价	人工费	材料费	机械费	人工 综合工	材料 喷射井点总管 φ159	喷射井点井管 φ76	滤网管	喷射器	法兰 φ165×100	水箱
				元	元	元	元	工日	m	m	根	个	副	kg
								135.00	151.37	119.73	68.38	241.97	118.92	4.70
3-226	井管深 10m	安装	根	**1046.97**	459.00	296.03	291.94	3.40	0.005	0.029	0.004	0.005	0.001	0.036
3-227	井管深 10m	拆除	根	**251.06**	137.70	17.02	96.34	1.02						
3-228	井管深 10m	使用	套•天	**1547.73**	810.00	192.37	545.36	6.00	0.120	0.930	0.114	0.177	0.042	1.120
3-229	井管深 15m	安装	根	**1489.97**	696.60	398.57	394.80	5.16	0.005	0.054	0.004	0.006	0.001	0.036
3-230	井管深 15m	拆除	根	**495.62**	264.60	50.19	180.83	1.96						
3-231	井管深 15m	使用	套•天	**1632.34**	810.00	276.98	545.36	6.00	0.120	1.520	0.136	0.225	0.042	1.120

编号	项目		单位	材料					机械				
				回水连接件	中粗砂	镀锌钢管 DN20	水	零星材料费	液压钻机	履带式起重机 10t	电动多级离心清水泵 150mm 扬程180m以下	污泥泵 100mm	电动空气压缩机 $6m^3/min$
				副	m^3	kg	m^3	元	台班	台班	台班	台班	台班
				1.09	89.35	4.89	7.62		702.48	642.29	272.68	204.13	217.48
3-226	井管深 10m	安装	根	0.002	1.720	0.170	17.400	2.93	0.138	0.138	0.138	0.276	0.057
3-227	井管深 10m	拆除	根		0.030		1.860	0.17		0.150			
3-228	井管深 10m	使用	套·天	0.070				1.90			2.000		
3-229	井管深 15m	安装	根	0.002	2.590	0.009	20.200	3.95	0.176	0.176	0.176	0.352	0.176
3-230	井管深 15m	拆除	根		0.053		5.900	0.50		0.184	0.092	0.184	
3-231	井管深 15m	使用	套·天	0.075				2.74			2.000		

工作内容： 1.安装：井管装配，地面试管，铺总管，安装、拆除水泵，钻机安装、拆除，钻机沉管，试抽。2.使用：抽水，井管堵漏。3.拆除：拔管，拆管，灌砂，清洗整理，堆放。

编号	项目		单位	预算基价 总价	人工费	材料费	机械费	人工 综合工	材料 喷射井点总管 ϕ159	喷射井点井管 ϕ76	滤网管	喷射器	法兰 ϕ165×100	水箱
				元	元	元	元	工日	m	m	根	个	副	kg
								135.00	151.37	119.73	68.38	241.97	118.92	4.70
3-232	井管深 20m	安装	根	**1884.04**	891.00	510.75	482.29	6.60	0.046	0.088	0.005	0.007	0.001	0.036
3-233		拆除		**637.62**	337.50	83.91	216.21	2.50						
3-234		使用	套•天	**1739.51**	810.00	384.15	545.36	6.00	0.120	2.260	0.162	0.290	0.042	1.120
3-235	井管深 25m	安装	根	**2279.55**	1101.60	644.07	533.88	8.16	0.046	0.145	0.007	0.010	0.001	0.036
3-236		拆除		**772.43**	427.95	104.69	239.79	3.17						
3-237		使用	套•天	**1918.82**	810.00	563.46	545.36	6.00	0.120	3.530	0.223	0.378	0.042	1.120

续前

编号	项目		单位	材料					机械				
				回水连接件	中粗砂	镀锌钢管 *DN*20	水	零星材料费	液压钻机	履带式起重机 10t	电动多级离心清水泵 150mm 扬程180m以下	污泥泵 100mm	电动空气压缩机 $6m^3/min$
				副	m^3	kg	m^3	元	台班	台班	台班	台班	台班
				1.09	89.35	4.89	7.62		702.48	642.29	272.68	204.13	217.48
3-232	井管深 20m	安装	根	0.003	3.470	0.115	23.000	5.06	0.215	0.215	0.215	0.430	0.215
3-233		拆除	根		0.077		10.000	0.83		0.220	0.110	0.220	
3-234		使用	套•天	0.080				3.80			2.000		
3-235	井管深 25m	安装	根	0.003	4.510	0.144	27.100	6.38	0.238	0.238	0.238	0.476	0.238
3-236		拆除	根		0.094		12.500	1.04		0.244	0.122	0.244	
3-237		使用	套•天	0.085				5.58			2.000		

工作内容： 1.安装:井管装配,地面试管,铺总管,安装、拆除水泵,钻机安装、拆除,钻机沉管,试抽。2.使用:抽水,井管堵漏。3.拆除:拔管,拆管,灌砂,清洗整理,堆放。

编号	项目		单位	预算基价 总价	人工费	材料费	机械费	人工 综合工	材料 喷射井点总管 φ159	喷射井点井管 φ76	滤网管	喷射器	法兰 φ165×100	水箱
				元	元	元	元	工日	m	m	根	个	副	kg
								135.00	151.37	119.73	68.38	241.97	118.92	4.70
3-238	井管深 30m	安装	根	**2635.80**	1271.70	780.87	583.23	9.42	0.046	0.213	0.009	0.013	0.001	0.036
3-239	井管深 30m	拆除	根	**883.47**	492.75	125.37	265.35	3.65						
3-240	井管深 30m	使用	套•天	**2134.08**	810.00	778.72	545.36	6.00	0.120	5.100	0.283	0.465	0.042	1.120

编号	项目		单位	材料					机械				
				回水连接件	中粗砂	镀锌钢管 DN20	水	零星材料费	液压钻机	履带式起重机 10t	电动多级离心清水泵 150mm 扬程180m以下	污泥泵 100mm	电动空气压缩机 $6m^3/min$
				副	m^3	kg	m^3	元	台班	台班	台班	台班	台班
				1.09	89.35	4.89	7.62		702.48	642.29	272.68	204.13	217.48
3-238	井管深 30m	安装	根	0.003	5.574	0.173	31.200	7.73	0.260	0.260	0.260	0.520	0.260
3-239	井管深 30m	拆除	根		0.110		15.000	1.24		0.270	0.135	0.270	
3-240	井管深 30m	使用	套•天	0.090				7.71			2.000		

(3) 大口径降水

工作内容： 1.安装：井管装配，地面试管，铺总管，装水泵水箱，钻孔成管，清孔，卸滤水钢管，定位，安装滤水钢管，外壁灌砂，封口，连接。2.使用：抽水，值班，井管堵漏。3.拆除：拔管，拆管，灌砂，清洗整理，堆放。

编号	项目		单位	预算基价 总价	人工费	材料费	机械费	人工 综合工	材料 大口径井点总管 ϕ159	大口径井点井管 ϕ400	大口径井点吸水器 15m	水箱
				元	元	元	元	工日	m	m	套	kg
								135.00	88.89	157.86	521.37	4.70
3-241	大口径降水 15m 深	安装	根	**4362.80**	2200.50	1028.23	1134.07	16.30	0.005	0.195	0.006	0.112
3-242		拆除		**2211.14**	1086.75	411.07	713.32	8.05				
3-243		使用	套•天	**1641.73**	810.00	286.37	545.36	6.00	0.120	1.500	0.060	1.020
3-244	大口径降水 25m 深	安装	根	**5995.78**	2839.05	1624.87	1531.86	21.03	0.005	0.293	0.009	0.112
3-245		拆除		**2935.54**	1402.65	502.54	1030.35	10.39				
3-246		使用	套•天	**1777.11**	810.00	421.75	545.36	6.00	0.120	2.250	0.090	1.020

续前

编号	项目		单位	材料			机械				
				中粗砂	水	零星材料费	工程钻机	履带式起重机 10t	电动多级离心清水泵 150mm 扬程180m以下	污泥泵 100mm	振动打拔桩机 40t
				m^3	m^3	元	台班	台班	台班	台班	台班
				89.35	7.62		421.49	642.29	272.68	204.13	1108.34
3-241	大口径降水 15m 深	安装	根	6.910	48.000	10.18	0.650	0.650	0.650	1.300	
3-242		拆除		3.020	18.000	4.07			0.450	0.450	0.450
3-243		使用	套•天			2.84			2.000		
3-244	大口径降水 25m 深	安装	根	11.284	72.000	16.09	0.878	0.878	0.878	1.756	
3-245		拆除		3.266	27.000	4.98			0.650	0.650	0.650
3-246		使用	套•天			4.18			2.000		

(4)管 井 降 水

工作内容：挖深井，钻孔成管，安装井管，外壁灌砾料，井管装配，装水泵，洗井，封口，连接，试抽。

编号	项目			单位	预算基价				人工	材料
					总价	人工费	材料费	机械费	综合工	无砂混凝土管 φ400
					元	元	元	元	工日	m
									135.00	68.88
3-247	抽水井安装	安装水泥管井(钻孔φ600)	井深 20m	根	**9408.48**	1552.50	2578.23	5277.75	11.50	21.000
3-248			井深 25m		**11143.41**	1842.75	3205.65	6095.01	13.65	26.000
3-249			井深 30m		**12990.17**	2100.60	3833.08	7056.49	15.56	31.000
3-250			井深 35m		**14711.14**	2328.75	4460.57	7921.82	17.25	36.000
3-251			井深 40m		**16595.64**	2528.55	5087.64	8979.45	18.73	41.000
3-252			井深 45m		**18480.30**	2728.35	5714.87	10037.08	20.21	46.000

编号	项目			单位	材料					机械	
					滤料	水	密目式阻燃安全网	铅丝	零星材料费	反循环钻机	内燃空压机洗井 $12m^3/min$
					m^3	m^3	m^2	kg	元	台班	台班
					68.63	7.62	8.50	5.73		2403.70	557.89
3-247	抽水井安装	安装水泥管井(钻孔 ϕ600)	井深 20m	根	6.240	48.000	27.630	13.500	25.53	2.010	0.800
3-248			井深 25m		7.803	60.000	34.540	16.880	31.74	2.350	0.800
3-249			井深 30m		9.367	72.000	41.450	20.250	37.95	2.750	0.800
3-250			井深 35m		10.931	84.000	48.360	23.630	44.16	3.110	0.800
3-251			井深 40m		12.490	96.000	55.260	27.010	50.37	3.550	0.800
3-252			井深 45m		14.052	108.000	62.170	30.370	56.58	3.990	0.800

工作内容：挖深井，钻孔成管，安装井管，外壁灌砾料，井管装配，装水泵，洗井，封口，连接，试抽。

编号	项目			单位	预算基价				人工	材料	
					总价	人工费	材料费	机械费	综合工	井管 φ325无缝钢管 8厚	井管 φ325桥式钢管
					元	元	元	元	工日	m	m
									135.00	321.00	311.00
3-253	抽水井安装	安装钢管井（钻孔φ600）	井深 25m	根	**17892.60**	1842.75	9753.89	6295.96	13.65	19.380	6.120
3-254	抽水井安装	安装钢管井（钻孔φ600）	井深 30m	根	**21056.62**	2100.60	11658.12	7297.90	15.56	19.380	11.220
3-255	抽水井安装	安装钢管井（钻孔φ600）	井深 35m	根	**24089.43**	2328.75	13558.32	8202.36	17.25	19.380	16.320
3-256	抽水井安装	安装钢管井（钻孔φ600）	井深 40m	根	**27294.41**	2528.55	15466.74	9299.12	18.73	19.380	21.420
3-257	抽水井安装	安装钢管井（钻孔φ600）	井深 45m	根	**30203.01**	2728.35	17078.79	10395.87	20.21	19.380	26.420

编号	项目			单位	材料						机械			
					滤料	水	密目式阻燃安全网	铅丝	电焊条	零星材料费	反循环钻机	内燃空压机洗井 $12m^3/min$	交流电焊机 50kV·A	履带式起重机 15t
					m^3	m^3	m^2	kg	kg	元	台班	台班	台班	台班
					68.63	7.62	8.50	5.73	7.59		2403.70	557.89	132.94	759.77
3-253	抽水井安装	安装钢管井(钻孔 ϕ600)	井深 25m	根	9.930	60.000	28.060	16.000	8.450	96.57	2.350	0.800	0.140	0.240
3-254			井深 30m		11.920	72.000	33.680	17.860	10.140	115.43	2.750	0.800	0.170	0.288
3-255			井深 35m		13.910	84.000	39.290	19.040	11.830	134.24	3.110	0.800	0.190	0.336
3-256			井深 40m		15.890	96.000	44.900	21.760	13.520	153.14	3.550	0.800	0.210	0.384
3-257			井深 45m		14.050	108.000	50.490	24.480	15.210	169.10	3.990	0.800	0.230	0.432

工作内容： 挖深井，钻孔成管，安装井管，外壁灌砾料，安装排水管，安装井盖，洗井，封口。

编号	项目		单位	预算基价				人工	材料							机械	
				总价	人工费	材料费	机械费	综合工	PPR管 ϕ50	滤料	水	密目式阻燃安全网	铅丝	井盖	零星材料费	反循环钻机	内燃空压机洗井 $12m^3/min$
				元	元	元	元	工日	m	m^3	m^3	m^2	kg	个	元	台班	台班
								135.00	18.40	68.63	7.62	8.50	5.73	1260.00		2403.70	557.89
3-258	引渗井安装（钻孔 ϕ400）	井深 20m	根	**8365.41**	877.50	2835.12	4652.79	6.50	42.960	4.850	48.000	3.450	5.000	1.000	28.07	1.750	0.800
3-259		井深 25m		**9504.10**	1097.55	3224.95	5181.60	8.13	53.700	6.050	60.000	4.320	6.250	1.000	31.93	1.970	0.800
3-260		井深 30m		**10699.05**	1277.10	3615.39	5806.56	9.46	64.440	7.260	72.000	5.180	7.500	1.000	35.80	2.230	0.800
3-261		井深 35m		**11787.06**	1445.85	4005.83	6335.38	10.71	75.180	8.470	84.000	6.040	8.750	1.000	39.66	2.450	0.800
3-262		井深 40m		**12766.76**	1602.45	4396.27	6768.04	11.87	85.920	9.680	96.000	6.900	10.000	1.000	43.53	2.630	0.800
3-263		井深 45m		**13744.61**	1759.05	4784.85	7200.71	13.03	96.570	10.890	108.000	7.740	11.250	1.000	47.37	2.810	0.800

工作内容：挖深槽，护壁管安装，接口防水，井盖，封底，试抽。

编号	项目			单位	预算基价 总价	人工费	材料费	机械费	人工 综合工	材料 钢筋混凝土管 $\phi3000\times200$	橡胶止水带	预拌混凝土 BC20 P6	井盖	零星材料费	机械 汽车式起重机 25t	污泥泵 100mm	卷扬机 电动单筒快速 20kN
					元	元	元	元	工日	m	m	m^3	个	元	台班	台班	台班
									135.00		38.50	466.09	1260.00		1098.98	204.13	225.43
3-264	辐射井竖井安装	竖井（沉井法混凝土管 $\phi3000$）	井深 20m	根	**24812.17**	5400.00	6218.23	13193.94	40.00	(21.000)	67.260	4.950	1.000	61.57	8.000	5.000	15.000
3-265			井深 25m		**29966.62**	6750.00	6965.60	16251.02	50.00	(26.000)	86.480	4.950	1.000	68.97	10.000	7.000	17.000
3-266			井深 30m		**36247.82**	8100.00	7712.57	20435.25	60.00	(31.000)	105.690	4.950	1.000	76.36	12.000	9.000	24.000
3-267			井深 35m		**41115.87**	8910.00	8459.94	23745.93	66.00	(36.000)	124.910	4.950	1.000	83.76	13.000	11.000	32.000

工作内容：挖深槽，护壁管安装，接口防水，井盖，封底，试抽。

编号	项目			单位	预算基价 总价	人工费	材料费	机械费	人工 综合工	材料 钢筋混凝土管 ϕ2600×200
					元	元	元	元	工日	m
									135.00	
3-268	辐射井竖井安装	竖井（钻机法混凝土管ϕ2600）	井深 20m	根	**40354.58**	1620.00	8217.02	30517.56	12.00	(21.000)
3-269	辐射井竖井安装	竖井（钻机法混凝土管ϕ2600）	井深 25m	根	**50005.59**	2025.00	9953.16	38027.43	15.00	(26.000)
3-270	辐射井竖井安装	竖井（钻机法混凝土管ϕ2600）	井深 30m	根	**59656.52**	2430.00	11689.22	45537.30	18.00	(31.000)
3-271	辐射井竖井安装	竖井（钻机法混凝土管ϕ2600）	井深 35m	根	**69307.53**	2835.00	13425.36	53047.17	21.00	(36.000)

续前

编号	项目			单位	材料				机械			
					SBS改性沥青防水卷材	水	井盖	零星材料费	钻机 GP20	汽车式起重机 25t	污泥泵 100mm	气泵
					m^2	m^3	个	元	台班	台班	台班	台班
					34.20	7.62	1260.00		1185.97	1098.98	204.13	59.76
3-268	辐射井竖井安装	竖井(钻机法混凝土管 ϕ2600)	井深 20m	根	169.560	141.300	1.000	81.36	21.000	3.000	9.000	8.000
3-269	辐射井竖井安装	竖井(钻机法混凝土管 ϕ2600)	井深 25m	根	211.950	176.630	1.000	98.55	26.250	3.750	11.250	8.000
3-270	辐射井竖井安装	竖井(钻机法混凝土管 ϕ2600)	井深 30m	根	254.340	211.950	1.000	115.73	31.500	4.500	13.500	8.000
3-271	辐射井竖井安装	竖井(钻机法混凝土管 ϕ2600)	井深 35m	根	296.730	247.280	1.000	132.92	36.750	5.250	15.750	8.000

工作内容：安装施工平台、安全梯、护网，钻孔，安装井管，封口，连接，试抽。

编号	项目		单位	预算基价 总价	预算基价 人工费	预算基价 材料费	预算基价 机械费	人工 综合工	材料 钢管缠丝滤水管 ϕ50	材料 钻杆	材料 钻头	材料 井点托架	材料 零星材料费	机械 工程钻机	机械 卷扬机电动单筒慢速 30kN	机械 汽车式起重机 25t	机械 气泵	机械 内燃空气压缩机 $3m^3/min$
				元	元	元	元	工日	m	套	个	个	元	台班	台班	台班	台班	台班
								135.00	70.58	450.00	288.10	0.90		421.49	205.84	1098.98	59.76	227.44
3-272	辐射井水平井安装	细颗粒地层	m	**200.70**	67.50	77.87	55.33	0.50	1.000	0.010	0.007	0.001	0.77	0.080	0.040	0.010	0.040	
3-273	辐射井水平井安装	砂砾地层	m	**296.38**	108.00	83.58	104.80	0.80	1.000	0.020	0.011	0.001	0.83	0.120	0.060	0.010	0.060	0.120

工作内容：1.拆除:排水管线拆除,灌砂。2.抽水:抽水,值班,井点堵漏。

编号	项目			单位	预算基价				人工	材料		机械	
					总价	人工费	材料费	机械费	综合工	级配砂石	零星材料费	潜水泵 $5m^3/h$	潜水泵 $25m^3/h$
					元	元	元	元	工日	t	元	台班	台班
									135.00	86.26		23.97	29.10
3-274	抽水及降水井拆除	管井	拆除	m	**15.37**	4.05	11.32		0.03	0.130	0.11		
3-275			抽水	根•天	**45.86**	13.50		32.36	0.10			1.350	
3-276		辐射井竖井	拆除	m	**612.43**	135.00	477.43		1.00	5.480	4.73		
3-277			抽水	根•天	**70.35**	12.15		58.20	0.09				2.000

8.监测量控工程

(1)基准点布设

工作内容：测点布置、挖孔或钻孔、钢护管加工与埋设、保护盖加工与安装、预埋件加工埋设、浇灌混凝土、测读初值。

编号	项目		单位	预算基价				人工	材料				
				总价	人工费	材料费	机械费	综合工	预拌混凝土AC25	钢筋D10以外	抗蚀金属标志	抗蚀预埋件	铝管D80×2
				元	元	元	元	工日	m^3	kg	个	个	kg
								135.00	461.24	3.80	100.00	245.85	17.15
3-278	水准基本点	双金属管	点	**5211.09**	1462.05	1134.18	2614.86	10.83			1.000	1.000	6.440
3-279	水准基本点	深埋钢管	点	**5086.82**	1440.45	1031.51	2614.86	10.67	0.370		1.000	1.000	
3-280	水准基本点	混凝土	点	**2557.99**	1152.90	950.26	454.83	8.54	0.660	38.730	1.000	1.000	

续前

编号	项目		单位	材料					机械			
				钢管 D80×2	钢管 D100×4	页岩标砖 240×115×53	保护圈盖	零星材料费	柴油发电机 60kW以内	挖掘机 0.4m³以内	汽车钻孔机 ϕ400	仪器仪表使用费
				kg	kg	m³	套	元	台班	台班	台班	元
				3.53	3.67	351.11	24.38		526.87	703.33	904.66	
3-278	水准基本点	双金属管	点	18.620	94.050	0.659	1.000	11.23	1.720	0.200	1.720	11.96
3-279	水准基本点	深埋钢管	点	18.620	94.050	0.198	1.000	10.21	1.720	0.200	1.720	11.96
3-280	水准基本点	混凝土	点			0.339	1.000	9.41	0.360	0.360		11.96

（2）地表沉降测点布设

工作内容： 测点布置、挖孔或钻孔、钢护管加工与埋设、保护盖加工与安装、预埋件加工埋设、浇灌混凝土、测读初值。

编号	项目		单位	预算基价				人工	材料						机械			
				总价	人工费	材料费	机械费	综合工	预拌混凝土AC25	抗蚀预埋件	钢管 $D100\times4$	页岩标砖 $240\times115\times53$	保护圈盖	零星材料费	柴油发电机 60kW以内	挖掘机 $0.4m^3$以内	汽车钻孔机 $\phi400$	仪器仪表使用费
				元	元	元	元	工日	m^3	个	kg	m^3	套	元	台班	台班	台班	元
								135.00	461.24	245.85	3.67	351.11	24.38		526.87	703.33	904.66	
3-281	钢管水准点	混凝土路面	点	**1669.31**	761.40	351.97	555.94	5.64	0.020	1.000	18.810		1.000	3.48	0.380		0.380	11.96
3-282	钢管水准点	沥青混凝土路面	点	**1568.85**	718.20	351.97	498.68	5.32	0.020	1.000	18.810		1.000	3.48	0.340		0.340	11.96
3-283	钢管水准点	其他地面	点	**1491.41**	657.45	464.12	369.84	4.87	0.110	1.000	18.810	0.198	1.000	4.60	0.250		0.250	11.96
3-284	混凝土水准点	其他地面	点	**1358.08**	604.80	458.37	294.91	4.48	0.140	1.000		0.339	1.000	4.54	0.230	0.230		11.96

(3) 建筑物变形测点布设

工作内容： 测点布置、预埋件加工安装、钻孔、裂缝标记、测读初值。

编号	项目	单位	预算基价				人工	材料				机械		
			总价	人工费	材料费	机械费	综合工	沉降预埋件	倾斜预埋件	裂缝计	零星材料费	高空作业车	仪器仪表使用费	小型机具
			元	元	元	元	工日	套	个	套	元	台班	元	元
							135.00	214.54	214.54	560.00		656.15		
3-285	沉降观测	点	**663.32**	222.75	216.69	223.88	1.65	1.000			2.15	0.320	11.96	1.95
3-286	倾斜观测	点	**659.94**	222.75	216.69	220.50	1.65		1.000		2.15	0.320	8.58	1.95
3-287	裂缝观测	点	**1119.07**	341.55	565.60	211.92	2.53			1.000	5.60	0.320		1.95

(4) 土体分层沉降测点布设

工作内容：测孔布置、钻孔、沉降管及磁环安装、回填、预埋件加工埋设、做保护盖、测读初值。

编号	项目		单位	预算基价				人工	材料			
				总价	人工费	材料费	机械费	综合工	水泥 32.5级	膨润土	促进剂 KA	塑料注浆阀管
				元	元	元	元	工日	kg	kg	kg	m
								135.00	0.36	0.39	0.61	15.70
3-288	土体分层沉降	10m 以内	孔	**3730.66**	1440.45	866.97	1423.24	10.67	387.600	115.710	7.830	10.500
3-289	土体分层沉降	20m 以内	孔	**5371.23**	2004.75	1595.14	1771.34	14.85	775.200	231.420	15.660	21.000
3-290	土体分层沉降	30m 以内	孔	**7047.68**	2569.05	2366.56	2112.07	19.03	1162.800	347.130	23.480	31.500

续前

编号	项目		单位	材料						机械			
				磁环	磁环夹具	导向铝管 ϕ30	页岩标砖 240×115×53	保护圈盖	零星材料费	泥浆泵 50mm	柴油发电机 60kW以内	钻孔机	仪器仪表使用费
				个	个	m	m^3	套	元	台班	台班	台班	元
				38.94	3.89	12.71	351.11	24.38		43.76	526.87	211.00	
3-288	土体分层沉降	10m 以内	孔	6.000	6.000	12.000	0.200	1.000	8.58	1.000	1.720	1.720	110.34
3-289	土体分层沉降	20m 以内	孔	11.000	11.000	24.000	0.200	1.000	15.79	1.200	2.150	2.150	132.41
3-290	土体分层沉降	30m 以内	孔	17.000	17.000	36.000	0.200	1.000	23.43	1.400	2.570	2.570	154.48

工作内容：测孔布置、钻孔、测斜管安装、埋设测斜管、回填、做保护圈盖、测读初值。

编号	项目		单位	预算基价				人工	材料		
				总价	人工费	材料费	机械费	综合工	水泥 32.5级	膨润土	促进剂 KA
				元	元	元	元	工日	kg	kg	kg
								135.00	0.36	0.39	0.61
3-291	土体水平位移	10m 以内	孔	**4719.64**	1514.70	681.80	2523.14	11.22	387.600	115.700	7.830
3-292	土体水平位移	20m 以内	孔	**6573.89**	2153.25	1268.04	3152.60	15.95	775.200	231.400	15.660
3-293	土体水平位移	30m 以内	孔	**8413.90**	2791.80	1854.36	3767.74	20.68	1163.000	347.100	23.480

续前

编号	项目		单位	材料					机械			
				塑料注浆阀管	页岩标砖 240×115×53	保护圈盖	塑料测斜管	零星材料费	泥浆泵 50mm	柴油发电机 60kW以内	汽车钻孔机 ϕ400	仪器仪表使用费
				m	m^3	套	m	元	台班	台班	台班	元
				15.70	351.11	24.38	20.56		43.76	526.87	904.66	
3-291	土体水平位移	10m 以内	孔	10.500	0.200	1.000	11.000	6.75	1.000	1.720	1.720	17.15
3-292	土体水平位移	20m 以内	孔	21.000	0.200	1.000	22.000	12.55	1.200	2.150	2.150	22.30
3-293	土体水平位移	30m 以内	孔	31.500	0.200	1.000	33.000	18.36	1.400	2.570	2.570	27.44

(5) 孔隙水压力测孔布设

工作内容：测孔布置、钻孔、密封检查、预埋件加工埋设、测试元件安装、接线、埋设泥球止水隔离层、回填、做保护圈盖、测读初值。

编号	项目		单位	预算基价				人工	材料	
				总价	人工费	材料费	机械费	综合工	膨润土	孔隙水压计
				元	元	元	元	工日	kg	个
								135.00	0.39	386.96
3-294	孔隙水压力	10m 以内	孔	**3087.95**	1158.30	650.73	1278.92	8.58	304.500	1.000
3-295	孔隙水压力	20m 以内	孔	**3608.04**	1321.65	687.75	1598.64	9.79	304.500	1.000
3-296	孔隙水压力	30m 以内	孔	**4120.75**	1485.00	724.76	1910.99	11.00	304.500	1.000

续前

编号	项目		单位	材料				机械		
				屏蔽线二芯	页岩标砖240×115×53	保护圈盖	零星材料费	柴油发电机60kW以内	钻孔机	仪器仪表使用费
				m	m^3	套	元	台班	台班	元
				3.49	351.11	24.38		526.87	211.00	
3-294	孔隙水压力	10m 以内	孔	12.600	0.200	1.000	6.44	1.720	1.720	9.78
3-295		20m 以内		23.100	0.200	1.000	6.81	2.150	2.150	12.22
3-296		30m 以内		33.600	0.200	1.000	7.18	2.570	2.570	14.66

工作内容：测孔布置、钻孔、密封检查、预埋件加工埋设、测试元件安装、接线、埋设泥球止水隔离层、回填、做保护圈盖、测读初值。

编号	项目		单位	预算基价				人工	材料						机械	
				总价	人工费	材料费	机械费	综合工	膨润土	热轧一般无缝钢管 $D70\times3$	透水管	页岩标砖 240×115×53	保护圈盖	零星材料费	柴油发电机 60kW以内	钻孔机
				元	元	元	元	工日	kg	m	m	m^3	套	元	台班	台班
								135.00	0.39	23.59	16.44	351.11	24.38		526.87	211.00
3-297	水位观察孔	10m 以内	孔	**4264.44**	1158.30	1837.00	1269.14	8.58	304.500	67.290	1.100	0.200	1.000	18.19	1.720	1.720
3-298	水位观察孔	20m 以内	孔	**6286.84**	1321.65	3378.77	1586.42	9.79	304.500	132.000	1.100	0.200	1.000	33.45	2.150	2.150
3-299	水位观察孔	30m 以内	孔	**8708.51**	1485.00	5327.18	1896.33	11.00	304.500	201.870	1.100	1.000	1.000	52.74	2.570	2.570

(6) 地下管线沉降、位移测点布设

工作内容：测点布置、预埋件加工、安设预埋件、接线、测读初值。

编号	项目		单位	预算基价 总价	预算基价 人工费	预算基价 材料费	预算基价 机械费	人工 综合工	材料 管线抱箍标志	材料 三向位移计	材料 屏蔽线二芯	材料 零星材料费	机械 手提钻	机械 仪器仪表使用费
				元	元	元	元	工日	个	个	m	元	台班	元
								135.00	155.75	5349.33	3.49		27.80	
3-300	地下管线沉降、位移	连续监测	点	**6366.54**	731.70	5598.90	35.94	5.42	1.000	1.000	11.000	55.43	0.150	31.77
3-301	地下管线沉降、位移	间断监测	点	**1056.34**	882.90	157.31	16.13	6.54	1.000			1.56	0.150	11.96

(7) 混凝土构筑物钢筋应力、混凝土应变测点布设

工作内容：测点布置、安装应力计、排线固定、安装预埋件、保护装置、测读初值。

编号	项目		单位	预算基价				人工	材料					机械				
				总价	人工费	材料费	机械费	综合工	保护圈盖	屏蔽线二芯	钢筋应力计	混凝土应变计	零星材料费	高空作业车	直流电焊机 20kW	手提钻	履带式起重机 15t	仪器仪表使用费
				元	元	元	元	工日	套	m	个	个	元	台班	台班	台班	台班	元
								135.00	24.38	3.49	212.00	379.00		656.15	75.06	27.80	759.77	
3-302	混凝土构筑物钢筋应力	地下	点	**1023.25**	560.25	312.77	150.23	4.15	1.000	21.000	1.000		3.10		0.170		0.170	8.31
3-303	混凝土构筑物钢筋应力	地上	点	**723.08**	310.50	312.77	99.81	2.30	1.000	21.000	1.000		3.10	0.120	0.170			8.31
3-304	混凝土构筑物混凝土应变	地下	点	**1172.91**	548.10	481.44	143.37	4.06	1.000	21.000		1.000	4.77			0.230	0.170	7.82
3-305	混凝土构筑物混凝土应变	地上	点	**884.89**	310.50	481.44	92.95	2.30	1.000	21.000		1.000	4.77	0.120		0.230		7.82

(8) 钢结构应力、应变测点布设

工作内容： 1.钢结构应力：测点布设、钢结构安装应力计、测试元件标定、排线固定、保护圈盖、测值。2.钢结构应变：测点布设、安装应力元件标定、排线固定、安装预埋件、保护圈盖、测值。

编号	项目		单位	预算基价				人工	材料				机械			
				总价	人工费	材料费	机械费	综合工	保护圈盖	屏蔽线二芯	应力应变计	零星材料费	高空作业车	直流电焊机 20kW	履带式起重机 15t	仪器仪表使用费
				元	元	元	元	工日	套	m	个	元	台班	台班	台班	元
								135.00	24.38	3.49	415.00		656.15	75.06	759.77	
3-306	钢结构应力、应变	地下	点	**1610.53**	774.90	517.80	317.83	5.74	1.000	21.000	1.000	5.13		0.340	0.340	33.99
3-307	钢结构应力、应变	地上	点	**1149.95**	473.85	517.80	158.30	3.51	1.000	21.000	1.000	5.13	0.170	0.170		33.99

(9) 界面土压力测点布设

工作内容：测点布置、预埋件加工、预埋件埋设、测试元件标定、安装土压计、测读初值。

编号	项目		单位	预算基价				人工	材料					机械		
				总价	人工费	材料费	机械费	综合工	屏蔽线二芯	无缝钢管 D70×4	土压计	PVC穿线管 φ20	零星材料费	钻孔机	履带式起重机 15t	仪器仪表使用费
				元	元	元	元	工日	m	m	支	m	元	台班	台班	元
								135.00	3.49	30.49	305.00	0.60		211.00	759.77	
3-308	界面土压力	直埋式	点	**2264.95**	1210.95	415.08	638.92	8.97	11.000	2.000	1.000	11.000	4.11		0.830	8.31
3-309	界面土压力	钻孔式	点	**3512.40**	2004.75	415.08	1092.57	14.85	11.000	2.000	1.000	11.000	4.11	2.150	0.830	8.31

（10）桩体水平位移测点布设

工作内容：测点布置、仪器标定、钢筋笼装测斜管、浇捣混凝土，定位斜方向、安装保护盖、测读初值。

编号	项目		单位	预算基价				人工	材料					机械	
				总价	人工费	材料费	机械费	综合工	塑料测斜管	页岩标砖 240×115×53	保护圈盖	钢筋	零星材料费	履带式起重机 15t	仪器仪表使用费
				元	元	元	元	工日	m	m^3	套	kg	元	台班	元
								135.00	20.56	351.11	24.38	3.89		759.77	
3-310	围护结构水平位移	10m 以内	孔	**2483.83**	1642.95	402.55	438.33	12.17	11.000	0.200	1.000	20.000	3.99	0.490	66.04
3-311	围护结构水平位移	20m 以内	孔	**3674.74**	2232.90	670.26	771.58	16.54	22.000	0.200	1.000	30.000	6.64	0.910	80.19
3-312	围护结构水平位移	30m 以内	孔	**4858.06**	2822.85	937.97	1097.24	20.91	33.000	0.200	1.000	40.000	9.29	1.320	94.34

(11) 隧道沉降及收敛监测点布设

工作内容： 测点布设、仪器标定、埋设、测读初值。

编号	项目		单位	预算基价				人工	材料			
				总价	人工费	材料费	机械费	综合工	沉降预埋件	收敛预埋件	保护圈盖	静力水准仪
				元	元	元	元	工日	套	只	套	套
								135.00	214.54	214.54	24.38	31.03
3-313	建(构)筑物变形	隧道纵向沉降(人工)	点	**1138.12**	882.90	241.31	13.91	6.54	1.000		1.000	
3-314	建(构)筑物变形	隧道纵向沉降(自动)	点	**6187.74**	5602.50	517.24	68.00	41.50			1.000	1.000
3-315	建(构)筑物变形	隧道直径变形(收敛)	点	**1605.74**	638.55	965.24	1.95	4.73		4.000	4.000	

续前

编号	项目		单位	材料							机械	
				单向安装支架	信号电缆	瞬时保护模块	集线箱	连通管	连通液	零星材料费	仪器仪表使用费	小型机具
				套	m	个	个	m	kg	元	元	元
				358.00	1.68	26.72	57.76	2.35	2.23			
3-313	建(构)筑物变形	隧道纵向沉降(人工)	点							2.39	11.96	1.95
3-314	建(构)筑物变形	隧道纵向沉降(自动)	点	1.000	40.000	0.130	0.130	3.250	5.780	5.12	59.78	8.22
3-315	建(构)筑物变形	隧道直径变形(收敛)	点							9.56		1.95

(12)监控测试

工作内容：测试、数据采集、统计、处理。

编号	项目		单位	预算基价 总价 元	预算基价 人工费 元	预算基价 机械费 元	人工 综合工 工日 135.00	机械 仪器仪表使用费 元
3-316	沉降		点•次	**82.78**	78.30	4.48	0.58	4.48
3-317	倾斜		点•次	**83.45**	78.30	5.15	0.58	5.15
3-318	裂缝		点•次	**82.38**	78.30	4.08	0.58	4.08
3-319	土体分层沉降	10m 以内	点•次	**330.49**	317.25	13.24	2.35	13.24
3-320	土体分层沉降	20m 以内	点•次	**359.70**	344.25	15.45	2.55	15.45
3-321	土体分层沉降	30m 以内	点•次	**388.90**	371.25	17.65	2.75	17.65
3-322	土体水平位移	10m 以内	点•次	**322.40**	317.25	5.15	2.35	5.15
3-323	土体水平位移	20m 以内	点•次	**350.25**	344.25	6.00	2.55	6.00
3-324	土体水平位移	30m 以内	点•次	**378.11**	371.25	6.86	2.75	6.86
3-325	土体水平位移	40m 以内	点•次	**313.52**	283.50	30.02	2.10	30.02

工作内容：测试、数据采集、统计、处理。

编号	项目		单位	预算基价 总价 元	预算基价 人工费 元	预算基价 机械费 元	人工 综合工 工日 135.00	机械 仪器仪表使用费 元
3-326	钢筋应力	地下	点•次	**217.38**	213.30	4.08	1.58	4.08
3-327	钢筋应变、混凝土应变、混凝土应力	地上	点•次	**219.17**	213.30	5.87	1.58	5.87
3-328	孔隙水压力 水位 土压力		点•次	**268.83**	213.30	55.53	1.58	55.53
3-329	管线沉降		点•次	**286.96**	226.80	60.16	1.68	60.16
3-330	应力应变连续监控测试		组•日	**1721.97**	1620.00	101.97	12.00	101.97

第四章　轨 道 工 程

说　明

一、本章包括轨节拼装、隧道内整体道床铺轨、地面碎石道床铺轨、桥面铺轨、道岔尾部无枕地段人工铺轨、库内人工铺轨、铺设无缝线路、轨料运输、单开道岔、复式交分道岔、交叉渡线、整体道床、浮置板减振道床、轨道加强设备及护轮轨、线路有关工程15节，共167条基价子目。

二、本章1～6节按照有缝线路编制。如用于无缝线路，则应扣除接头夹板、接头螺栓、弹簧垫圈材料。

三、铺轨项目已包括因铺设短轨而引起接头增加所需接头夹板和螺栓的数量。

四、轨节拼装项目仅适用于机械铺轨。如用于直线电机轨道，人工消耗量乘以系数1.80。

五、长轨枕轨节拼装项目中，如不用硫磺锚固工序，应扣除硫磺、水泥、中粗砂、滑石粉、石油沥青、机械油、煤及石蜡材料消耗量。

六、整体道床铺轨项目已综合钢轨支撑架的摊销费用。

七、道岔尾部无枕地段铺轨，系指道岔根端至末根岔枕中心距离已铺长岔枕地段的铺轨。长岔枕铺设的内容已综合在铺道岔子目中。

八、换铺长钢轨项目包括工具轨的回收运输。

九、铺设长钢轨项目不包括长轨焊接费用，发生时执行本章长轨焊接相应项目。

十、钢轨焊接项目中包括焊头落锤试验内容及费用。

十一、工地钢轨焊接项目如用于道岔内钢轨焊接时，人工、机械消耗量乘以系数1.10。

十二、铺道岔项目按人工铺设编制。

十三、道岔项目内已综合扣件、非金属件(如橡胶垫板)等材料。

十四、整体道床地段铺设道岔，岔枕按混凝土岔枕编制，安拆支撑架人工已综合考虑。

十五、安装轨距杆、防爬器、防爬支撑是按成品安装考虑的。

十六、铺设护轮轨项目系按单侧编制。

工程量计算规则

一、铺轨工程量按设计图示每股道的中心长度(不含道岔长度)计算。铺轨工程量不扣除接头轨缝处长度。道岔长度是指从基本轨前端至辙叉根端的距离。特殊道岔以设计图纸为准。

二、道岔尾部无枕地段铺轨按道岔根端至末根岔枕的中心距离以长度计算。

三、长轨压接焊作业线、长轨铺轨机安拆与调试项目,在一个铺轨基地按安拆一次计算。

四、长钢轨焊接按接头设计图示以“个”计算。

五、正线应力放散及锁定项目按放散锁定长度和次数,以“km•次”计算,道岔应力放散项目按放散道岔数量和次数,以“组•次”计算。

六、轨料运输按质量计算。

七、铺道岔按道岔类型、岔枕、道床形式划分,工程量按设计图示数量以“组”计算。

八、混凝土道床按设计图示断面面积乘以设计图示长度以体积计算,道床变形缝如为预留,应扣除其预留体积,如道床整体施工后再予以切割分段的,则不予扣除。

九、安装轨距杆分直径按设计图示数量计算。

十、安装防爬器分轨型按设计图示数量计算。

十一、安装防爬支撑分木枕、混凝土枕按设计图示数量计算。

十二、安装钢轨伸缩调节器分桥面、桥头引线以“对”计算。

十三、安装护轮轨工程量按设计图示长度计算。

1.轨 节 拼 装

工作内容： 吊、散、摆、排轨枕，组装轨枕扣件、检配吊散轨及打印、方正轨枕，散布与安装钢轨配件和轨枕扣件，轨枕连接、检修、吊码、吊装轨节至平板车上，捆轨件，装配件，涂油等。

编号	项目		单位	预算基价			人工	机械		
				总价	人工费	机械费	综合工	门式起重机 10t	轨道车 210kW以内	轨道平车 30t
				元	元	元	工日	台班	台班	台班
							135.00	465.57	454.34	206.52
4-1	混凝土短枕	1600 对	km	**31320.93**	24748.20	6572.73	183.32	6.000	1.500	15.000
4-2	混凝土短枕	1680 对	km	**32286.18**	25713.45	6572.73	190.47	6.000	1.500	15.000
4-3	混凝土短枕	每增加 80 对	km	**965.25**	965.25		7.15			

工作内容：吊、散、摆、排轨枕，组装轨枕扣件、检配吊散轨及打印、方正轨枕，散布与安装钢轨配件和轨枕扣件，轨枕连接、检修、吊码、吊装轨节至平板车上，捆轨件，装配件，涂油等。

编号	项目		单位	预算基价				人工	材料									机械		
				总价	人工费	材料费	机械费	综合工	水泥 32.5级	中粗砂	滑石粉	石油沥青 10#	煤	机油	白石蜡	硫磺	零星材料费	门式起重机 10t	轨道车 210kW以内	轨道平车 30t
				元	元	元	元	工日	kg	m^3	kg	kg	t	kg	kg	kg	元	台班	台班	台班
								135.00	0.36	89.35	0.59	4.04	527.83	7.21	8.55	1.88		465.57	454.34	206.52
4-4	混凝土长枕	1600 根	km	**42451.84**	31320.00	4559.11	6572.73	232.00	692.640	2.000	40.760	171.430	0.800	19.050	27.700	1385.290	13.64	6.000	1.500	15.000
4-5	混凝土长枕	1680 根	km	**43645.05**	32285.25	4787.07	6572.73	239.15	727.270	2.100	42.800	180.000	0.840	20.000	29.090	1454.550	14.32	6.000	1.500	15.000
4-6	混凝土长枕	每增加 80 根	km	**1192.53**	965.25	227.28		7.15	34.630	0.100	2.040	8.570	0.040	0.950	1.390	69.260				

2.隧道内整体道床铺轨

(1)人 工 铺 轨

工作内容：选配、散布钢轨，检配、散布与安装钢轨扣配件，钢轨支撑架安拆，悬挂钢筋混凝土轨枕，调整、就位、上油、检修，龙门架轨道的铺拆等。

编号	项目			单位	预算基价				人工	材料		
					总价	人工费	材料费	机械费	综合工	混凝土短枕扣件	钢轨 60kg 25m	接头夹板 60kg
					元	元	元	元	工日	套	根	块
									135.00		6796.58	4.02
4-7	60kg 钢 轨（普 通 扣 件）	混凝土短枕	1600 对	km	**994169.49**	125023.50	863998.70	5147.29	926.10	(3209.600)	80.080	164.160
4-8	60kg 钢 轨（普 通 扣 件）	混凝土短枕	1680 对	km	**1014061.47**	129309.75	879604.43	5147.29	957.85	(3370.080)	80.080	164.160
4-9	60kg 钢 轨（普 通 扣 件）	混凝土短枕	每增加 80 对	km	**19860.83**	4286.25	15574.58		31.75	(160.480)		

续前

编号	项目			单位	材料					机械		
					高强度接头螺栓带帽60kg	弹簧垫圈60kg	钢轨支撑架	混凝土短枕	零星材料费	轨道车210kW以内	轨道平车30t	铺轨龙门架
					套	个	套	块	元	台班	台班	台班
					5.53	0.95	525.54	97.05		454.34	206.52	724.47
4-7	60kg 钢 轨（普 通 扣 件）	混凝土短枕	1600 对	km	496.920	501.840	5.000	3209.600	1724.55	2.000	10.000	3.000
4-8			1680 对		496.920	501.840	5.000	3370.080	1755.70	2.000	10.000	3.000
4-9			每增加 80 对					160.480				

工作内容：选配、散布钢轨，检配、散布与安装钢轨扣配件，钢轨支撑架安拆，悬挂钢筋混凝土轨枕，调整、就位、上油、检修，龙门架轨道的铺拆等。

编号	项目			单位	预算基价				人工	材料		
					总价	人工费	材料费	机械费	综合工	混凝土短枕减振型扣件	钢轨 60kg 25m	接头夹板 60kg
					元	元	元	元	工日	套	根	块
									135.00		6796.58	4.02
4-10	60kg 钢轨（减振型扣件）	混凝土短枕	1600 对	km	**994169.49**	125023.50	863998.70	5147.29	926.10	(3209.600)	80.080	164.160
4-11	60kg 钢轨（减振型扣件）	混凝土短枕	1680 对	km	**1014061.47**	129309.75	879604.43	5147.29	957.85	(3370.080)	80.080	164.160
4-12	60kg 钢轨（减振型扣件）	混凝土短枕	每增加 80 对	km	**19860.83**	4286.25	15574.58		31.75	(160.480)		

续前

编号	项目			单位	材料					机械		
					高强度接头螺栓带帽60kg	弹簧垫圈60kg	钢轨支撑架	混凝土短枕	零星材料费	轨道车210kW以内	轨道平车30t	铺轨龙门架
					套	个	套	块	元	台班	台班	台班
					5.53	0.95	525.54	97.05		454.34	206.52	724.47
4-10	60kg 钢轨（减振型扣件）	混凝土短枕	1600 对	km	496.920	501.840	5.000	3209.600	1724.55	2.000	10.000	3.000
4-11			1680 对		496.920	501.840	5.000	3370.080	1755.70	2.000	10.000	3.000
4-12			每增加 80 对					160.480				

工作内容：选配、散布钢轨，检配、散布与安装钢轨扣配件，钢轨支撑架安拆，悬挂钢筋混凝土轨枕，调整、就位、上油、检修，龙门架轨道的铺拆等。

编号	项目			单位	预算基价 总价	预算基价 人工费	预算基价 材料费	预算基价 机械费	人工 综合工	材料 混凝土弹性短枕扣件	材料 橡胶包套（含微孔橡胶垫板）	材料 钢轨 60kg 25m
					元	元	元	元	工日	套	套	根
									135.00			6796.58
4-13	60kg 钢轨（普通扣件）	混凝土弹性短枕	1600 对	km	**1049389.80**	159050.25	885192.26	5147.29	1178.15	(3209.600)	(3209.600)	80.080
4-14	60kg 钢轨（普通扣件）	混凝土弹性短枕	1680 对	km	**1070137.62**	163132.65	901857.68	5147.29	1208.39	(3370.080)	(3370.080)	80.080
4-15	60kg 钢轨（普通扣件）	混凝土弹性短枕	每增加 80 对	km	**20714.55**	4082.40	16632.15		30.24	(160.480)	(160.480)	

续前

编号	项目			单位	材料						机械		
					接头夹板 60kg	高强度接头螺栓带帽 60kg	弹簧垫圈 60kg	钢轨支撑架	混凝土弹性短枕	零星材料费	轨道车 210kW以内	轨道平车 30t	铺轨龙门架
					块	套	个	套	块	元	台班	台班	台班
					4.02	5.53	0.95	525.54	103.64		454.34	206.52	724.47
4-13	60kg 钢轨（普通扣件）	混凝土弹性短枕	1600 对	km	164.160	496.920	501.840	5.000	3209.600	1766.85	2.000	10.000	3.000
4-14	60kg 钢轨（普通扣件）	混凝土弹性短枕	1680 对	km	164.160	496.920	501.840	5.000	3370.080	1800.12	2.000	10.000	3.000
4-15	60kg 钢轨（普通扣件）	混凝土弹性短枕	每增加 80 对	km					160.480				

工作内容：选配、散布钢轨，检配、散布与安装钢轨扣配件，铺设钢筋混凝土轨枕，调整、就位、上油、检修，龙门架轨道的铺拆等。

编号	项目			单位	预算基价 总价	预算基价 人工费	预算基价 材料费	预算基价 机械费	人工 综合工	材料 混凝土长枕扣件	材料 钢轨 60kg 25m
					元	元	元	元	工日	套	根
									135.00		6796.58
4-16	60kg 钢轨（普通扣件）	混凝土长枕	1600 根	km	**940218.92**	118778.40	816293.23	5147.29	879.84	(3209.600)	80.080
4-17	60kg 钢轨（普通扣件）	混凝土长枕	1680 根	km	**957653.43**	122860.80	829645.34	5147.29	910.08	(3370.080)	80.080
4-18	60kg 钢轨（普通扣件）	混凝土长枕	每增加 80 根	km	**17407.86**	4082.40	13325.46		30.24	(160.480)	

续前

编号	项目			单位	材料					机械		
					接头夹板 60kg	高强度接头螺栓带帽 60kg	弹簧垫圈 60kg	混凝土长枕	零星材料费	轨道车 210kW以内	轨道平车 30t	铺轨龙门架
					块	套	个	根	元	台班	台班	台班
					4.02	5.53	0.95	166.07		454.34	206.52	724.47
4-16	60kg 钢轨（普通扣件）	混凝土长枕	1600 根	km	164.160	496.920	501.840	1604.800	1629.33	2.000	10.000	3.000
4-17	60kg 钢轨（普通扣件）	混凝土长枕	1680 根	km	164.160	496.920	501.840	1685.040	1655.98	2.000	10.000	3.000
4-18	60kg 钢轨（普通扣件）	混凝土长枕	每增加 80 根	km				80.240				

工作内容：选配、散布钢轨，检配、散布与安装钢轨扣配件，铺设钢筋混凝土轨枕，调整、就位、上油、检修，龙门架轨道的铺拆等。

编号	项目			单位	预算基价 总价	预算基价 人工费	预算基价 材料费	预算基价 机械费	人工 综合工	材料 混凝土长枕减振型扣件	材料 钢轨 60kg 25m
					元	元	元	元	工日	套	根
									135.00		6796.58
4-19	60kg 钢轨（减振型扣件）	混凝土长枕	1600 根	km	**940218.92**	118778.40	816293.23	5147.29	879.84	(3209.600)	80.080
4-20			1680 根		**957653.43**	122860.80	829645.34	5147.29	910.08	(3370.080)	80.080
4-21			每增加 80 根		**17407.86**	4082.40	13325.46		30.24	(160.480)	

续前

编号	项目			单位	材料					机械		
					接头夹板 60kg	高强度接头螺栓带帽 60kg	弹簧垫圈 60kg	混凝土长枕	零星材料费	轨道车 210kW以内	轨道平车 30t	铺轨龙门架
					块	套	个	根	元	台班	台班	台班
					4.02	5.53	0.95	166.07		454.34	206.52	724.47
4-19	60kg 钢轨（减振型扣件）	混凝土长枕	1600 根	km	164.160	496.920	501.840	1604.800	1629.33	2.000	10.000	3.000
4-20			1680 根		164.160	496.920	501.840	1685.040	1655.98	2.000	10.000	3.000
4-21			每增加 80 根					80.240				

工作内容：选配、散布钢轨，检配、散布与安装钢轨扣配件，铺设钢筋混凝土轨枕，调整、就位、上油、检修，龙门架轨道的铺拆等。

编号	项目			单位	预算基价 总价	预算基价 人工费	预算基价 材料费	预算基价 机械费	人工 综合工	材料 混凝土弹性长枕扣件	材料 橡胶包套（含微孔橡胶垫板）
					元	元	元	元	工日	套	套
									135.00		
4-22	60kg 钢轨（普通扣件）	混凝土弹性长枕	1600 根	km	**981436.15**	151537.50	824751.36	5147.29	1122.50	(3209.600)	(1604.800)
4-23	60kg 钢轨（普通扣件）	混凝土弹性长枕	1680 根	km	**999038.42**	155364.75	838526.38	5147.29	1150.85	(3370.080)	(1685.040)
4-24	60kg 钢轨（普通扣件）	混凝土弹性长枕	每增加 80 根	km	**17635.52**	3888.00	13747.52		28.80	(160.480)	(80.240)

编号	项目			单位	材料						机械		
					钢轨 60kg 25m	接头夹板 60kg	高强度接头螺栓带帽 60kg	弹簧垫圈 60kg	混凝土弹性长枕	零星材料费	轨道车 210kW以内	轨道平车 30t	铺轨龙门架
					根	块	套	个	根	元	台班	台班	台班
					6796.58	4.02	5.53	0.95	171.33		454.34	206.52	724.47
4-22	60kg 钢轨（普通扣件）	混凝土弹性长枕	1600 根	km	80.080	164.160	496.920	501.840	1604.800	1646.21	2.000	10.000	3.000
4-23	60kg 钢轨（普通扣件）	混凝土弹性长枕	1680 根	km	80.080	164.160	496.920	501.840	1685.040	1673.71	2.000	10.000	3.000
4-24	60kg 钢轨（普通扣件）	混凝土弹性长枕	每增加 80 根	km					80.240				

(2) 机 械 铺 轨

工作内容： 轨节运至铺轨工地(或前方作业站)后，轨节列车的调车，轨节的倒装拖拉、吊铺，合拢口锯轨、钢轨钻孔，钢轨支撑架安拆，安装钢轨配件，拆除轨节连接件、检查，龙门架轨道的铺拆等。

编号	项目			单位	预算基价 总价	人工费	材料费	机械费	人工 综合工	材料 混凝土短枕扣件	钢轨 60kg 25m	接头夹板 60kg
					元	元	元	元	工日	套	根	块
									135.00		6796.58	4.02
4-25	60kg 钢 轨 (普 通 扣 件)	混凝土短枕	1600 对	km	**953211.66**	82055.70	864780.63	6375.33	607.82	(3209.600)	80.080	164.160
4-26	60kg 钢 轨 (普 通 扣 件)	混凝土短枕	1680 对	km	**972921.39**	86159.70	880386.36	6375.33	638.22	(3370.080)	80.080	164.160
4-27	60kg 钢 轨 (普 通 扣 件)	混凝土短枕	每增加 80 对	km	**19678.58**	4104.00	15574.58		30.40	(160.480)		

续前

编号	项目			单位	材料						机械			
					高强度接头螺栓带帽60kg	弹簧垫圈60kg	钢轨支撑架	混凝土短枕	方钢	零星材料费	铺轨龙门架	轨道平车30t	门式起重机10t	轨道车210kW以内
					套	个	套	块	t	元	台班	台班	台班	台班
					5.53	0.95	525.54	97.05	3901.87		724.47	206.52	465.57	454.34
4-25	60kg 钢轨（普通扣件）	混凝土短枕	1600 对	km	496.920	501.840	5.000	3209.600	0.200	1726.11	2.000	15.000	1.000	3.000
4-26			1680 对		496.920	501.840	5.000	3370.080	0.200	1757.26	2.000	15.000	1.000	3.000
4-27			每增加80对					160.480						

工作内容： 轨节运至铺轨工地（或前方作业站）后，轨节列车的调车，轨节的倒装拖拉、吊铺，合拢口锯轨、钢轨钻孔，钢轨支撑架安拆，安装钢轨配件，拆除轨节连接件、检查，龙门架轨道的铺拆等。

编号	项目			单位	预算基价				人工	材料		
					总价	人工费	材料费	机械费	综合工	混凝土短枕减振型扣件	钢轨 60kg 25m	接头夹板 60kg
					元	元	元	元	工日	套	根	块
									135.00		6796.58	4.02
4-28	60kg 钢轨（减振型扣件）	混凝土短枕	1600 对	km	**953211.66**	82055.70	864780.63	6375.33	607.82	(3209.600)	80.080	164.160
4-29	60kg 钢轨（减振型扣件）	混凝土短枕	1680 对	km	**972921.39**	86159.70	880386.36	6375.33	638.22	(3370.080)	80.080	164.160
4-30	60kg 钢轨（减振型扣件）	混凝土短枕	每增加 80 对	km	**19678.58**	4104.00	15574.58		30.40	(160.480)		

编号	项目			单位	材料：高强度接头螺栓带帽60kg	材料：弹簧垫圈60kg	材料：钢轨支撑架	材料：混凝土短枕	材料：方钢	材料：零星材料费	机械：铺轨龙门架	机械：门式起重机10t	机械：轨道平车30t	机械：轨道车210kW以内
					套	个	套	块	t	元	台班	台班	台班	台班
					5.53	0.95	525.54	97.05	3901.87		724.47	465.57	206.52	454.34
4-28	60kg 钢轨（减振型扣件）	混凝土短枕	1600 对	km	496.920	501.840	5.000	3209.600	0.200	1726.11	2.000	1.000	15.000	3.000
4-29	60kg 钢轨（减振型扣件）	混凝土短枕	1680 对	km	496.920	501.840	5.000	3370.080	0.200	1757.26	2.000	1.000	15.000	3.000
4-30	60kg 钢轨（减振型扣件）	混凝土短枕	每增加 80 对	km				160.480						

工作内容：轨节运至铺轨工地(或前方作业站)后,轨节列车的调车,轨节的倒装拖拉、吊铺,合拢口锯轨、钢轨钻孔,钢轨支撑架安拆,安装钢轨配件,拆除轨节连接件、检查,龙门架轨道的铺拆等。

编号	项目			单位	预算基价 总价	人工费	材料费	机械费	人工 综合工	材料 混凝土弹性短枕扣件	橡胶包套(含微孔橡胶垫板)	钢轨 60kg 25m	接头夹板 60kg
					元	元	元	元	工日	套	套	根	块
									135.00			6796.58	4.02
4-31	60kg 钢轨(普通扣件)	混凝土弹性短枕	1600 对	km	**974405.22**	82055.70	885974.19	6375.33	607.82	(3209.600)	(3209.600)	80.080	164.160
4-32	60kg 钢轨(普通扣件)	混凝土弹性短枕	1680 对	km	**995174.64**	86159.70	902639.61	6375.33	638.22	(3370.080)	(3370.080)	80.080	164.160
4-33	60kg 钢轨(普通扣件)	混凝土弹性短枕	每增加 80 对	km	**20736.15**	4104.00	16632.15		30.40	(160.480)	(160.480)		

续前

编号	项目			单位	高强度接头螺栓带帽60kg	弹簧垫圈60kg	钢轨支撑架	混凝土弹性短枕	方钢	零星材料费	铺轨龙门架	门式起重机10t	轨道平车30t	轨道车210kW以内
					材料						机械			
					套	个	套	块	t	元	台班	台班	台班	台班
					5.53	0.95	525.54	103.64	3901.87		724.47	465.57	206.52	454.34
4-31	60kg 钢 轨（普通扣件）	混凝土弹性短枕	1600 对	km	496.920	501.840	5.000	3209.600	0.200	1768.41	2.000	1.000	15.000	3.000
4-32			1680 对		496.920	501.840	5.000	3370.080	0.200	1801.68	2.000	1.000	15.000	3.000
4-33			每增加 80 对					160.480						

工作内容： 轨节运至铺轨工地(或前方作业站)后，轨节列车的调车，轨节的倒装拖拉、吊铺，合拢口锯轨、钢轨钻孔，安装钢轨配件，拆除轨节连接件、检查，龙门架轨道的铺拆等。

编号	项目			单位	预算基价				人工	材料		
					总价	人工费	材料费	机械费	综合工	混凝土长枕扣件	钢轨 60kg 25m	接头夹板 60kg
					元	元	元	元	工日	套	根	块
									135.00		6796.58	4.02
4-34	60kg 钢轨(普通扣件)	混凝土长枕	1600 根	km	**900540.61**	77872.05	816293.23	6375.33	576.83	(3209.600)	80.080	164.160
4-35	60kg 钢轨(普通扣件)	混凝土长枕	1680 根	km	**917786.12**	81765.45	829645.34	6375.33	605.67	(3370.080)	80.080	164.160
4-36	60kg 钢轨(普通扣件)	混凝土长枕	每增加 80 根	km	**17218.86**	3893.40	13325.46		28.84	(160.480)		

编号	项目			单位	材料				机械			
					高强度接头螺栓带帽60kg	弹簧垫圈60kg	混凝土长枕	零星材料费	铺轨龙门架	门式起重机10t	轨道平车30t	轨道车210kW以内
					套	个	根	元	台班	台班	台班	台班
					5.53	0.95	166.07		724.47	465.57	206.52	454.34
4-34	60kg 钢轨（普通扣件）	混凝土长枕	1600 根	km	496.920	501.840	1604.800	1629.33	2.000	1.000	15.000	3.000
4-35			1680 根		496.920	501.840	1685.040	1655.98	2.000	1.000	15.000	3.000
4-36			每增加80根				80.240					

工作内容： 轨节运至铺轨工地（或前方作业站）后，轨节列车的调车，轨节的倒装拖拉、吊铺，合拢口锯轨、钢轨钻孔，安装钢轨配件，拆除轨节连接件、检查，龙门架轨道的铺拆等。

编号	项目			单位	预算基价 总价	人工费	材料费	机械费	人工 综合工	材料 混凝土长枕减振型扣件	钢轨 60kg 25m	接头夹板 60kg
					元	元	元	元	工日	套	根	块
									135.00		6796.58	4.02
4-37	60kg 钢 轨（减振型扣件）	混凝土长枕	1600 根	km	**900540.61**	77872.05	816293.23	6375.33	576.83	(3209.600)	80.080	164.160
4-38			1680 根		**917786.12**	81765.45	829645.34	6375.33	605.67	(3370.080)	80.080	164.160
4-39			每增加 80 根		**17218.86**	3893.40	13325.46		28.84	(160.480)		

续前

编号	项目			单位	材料				机械			
					高强度接头螺栓带帽60kg	弹簧垫圈60kg	混凝土长枕	零星材料费	铺轨龙门架	门式起重机10t	轨道平车30t	轨道车210kW以内
					套	个	根	元	台班	台班	台班	台班
					5.53	0.95	166.07		724.47	465.57	206.52	454.34
4-37	60kg 钢轨（减振型扣件）	混凝土长枕	1600 根	km	496.920	501.840	1604.800	1629.33	2.000	1.000	15.000	3.000
4-38			1680 根		496.920	501.840	1685.040	1655.98	2.000	1.000	15.000	3.000
4-39			每增加 80 根				80.240					

工作内容：轨节运至铺轨工地(或前方作业站)后,轨节列车的调车,轨节的倒装拖拉、吊铺,合拢口锯轨、钢轨钻孔,安装钢轨配件,拆除轨节连接件、检查,龙门架轨道的铺拆等。

编号	项目			单位	预算基价 总价	人工费	材料费	机械费	人工 综合工	材料 混凝土弹性长枕扣件	橡胶包套(含微孔橡胶垫板)	钢轨 60kg 25m
					元	元	元	元	工日	套	套	根
									135.00			6796.58
4-40	60kg 钢轨(普通扣件)	混凝土弹性长枕	1600 根	km	**908998.74**	77872.05	824751.36	6375.33	576.83	(3209.600)	(1604.800)	80.080
4-41	60kg 钢轨(普通扣件)	混凝土弹性长枕	1680 根	km	**926667.16**	81765.45	838526.38	6375.33	605.67	(3370.080)	(1685.040)	80.080
4-42	60kg 钢轨(普通扣件)	混凝土弹性长枕	每增加 80 根	km	**17640.92**	3893.40	13747.52		28.84	(160.480)	(80.240)	

续前

编号	项目			单位	材料					机械			
					接头夹板60kg	高强度接头螺栓带帽60kg	弹簧垫圈60kg	混凝土弹性长枕	零星材料费	铺轨龙门架	门式起重机10t	轨道平车30t	轨道车210kW以内
					块	套	个	根	元	台班	台班	台班	台班
					4.02	5.53	0.95	171.33		724.47	465.57	206.52	454.34
4-40	60kg 钢轨（普通扣件）	混凝土弹性长枕	1600 根	km	164.160	496.920	501.840	1604.800	1646.21	2.000	1.000	15.000	3.000
4-41			1680 根		164.160	496.920	501.840	1685.040	1673.71	2.000	1.000	15.000	3.000
4-42			每增加 80 根					80.240					

（3）隧道内浮置板道床人工铺轨

工作内容：检配、散布与安装钢轨配件和轨枕扣件，钢轨支撑架安拆，组装扣件，悬挂钢筋混凝土轨枕，调整、就位、上油、检修，龙门架轨道的铺拆等。

编号	项目			单位	预算基价				人工	材料	
					总价	人工费	材料费	机械费	综合工	普通扣件	钢轨 60kg 25m
					元	元	元	元	工日	套	根
									135.00		6796.58
4-43	60kg 钢轨（普通扣件）	橡胶浮置板	1600 对	km	**630971.08**	72122.40	551884.03	6964.65	534.24	(3209.600)	80.080
4-44	60kg 钢轨（普通扣件）	橡胶浮置板	1680 对	km	**635150.68**	76302.00	551884.03	6964.65	565.20	(3370.080)	80.080
4-45	60kg 钢轨（普通扣件）	橡胶浮置板	每增加 80 对	km	**4179.60**	4179.60			30.96	(160.480)	

续前

编号	项目			单位	材料					机械		
					接头夹板 60kg	高强度接头螺栓带帽 60kg	弹簧垫圈 60kg	钢轨支撑架	零星材料费	轨道车 210kW以内	轨道平车 30t	铺轨龙门架
					块	套	个	套	元	台班	台班	台班
					4.02	5.53	0.95	525.54		454.34	206.52	724.47
4-43	60kg 钢轨（普通扣件）	橡胶浮置板	1600 对	km	164.160	496.920	501.840	5.000	1101.56	6.000	10.000	3.000
4-44			1680 对		164.160	496.920	501.840	5.000	1101.56	6.000	10.000	3.000
4-45			每增加 80 对									

工作内容： 检配、散布与安装钢轨配件和轨枕扣件，钢轨支撑架安拆，组装扣件，悬挂钢筋混凝土轨枕，调整、就位、上油、检修，龙门架轨道的铺拆等。

编号	项目			单位	预算基价				人工	材料	
					总价	人工费	材料费	机械费	综合工	普通扣件	钢轨 60kg 25m
					元	元	元	元	工日	套	根
									135.00		6796.58
4-46	60kg 钢轨（普通扣件）	凸形浮置板	1600 对	km	**638601.28**	79752.60	551884.03	6964.65	590.76	(3209.600)	80.080
4-47			1680 对		**642780.88**	83932.20	551884.03	6964.65	621.72	(3370.080)	80.080
4-48			每增加 80 对		**4179.60**	4179.60			30.96	(160.480)	

编号	项目			单位	材料					机械		
					接头夹板 60kg	高强度接头螺栓带帽 60kg	弹簧垫圈 60kg	钢轨支撑架	零星材料费	轨道车 210kW以内	轨道平车 30t	铺轨龙门架
					块	套	个	套	元	台班	台班	台班
					4.02	5.53	0.95	525.54		454.34	206.52	724.47
4-46	60kg 钢轨（普通扣件）	凸形浮置板	1600 对	km	164.160	496.920	501.840	5.000	1101.56	6.000	10.000	3.000
4-47	60kg 钢轨（普通扣件）	凸形浮置板	1680 对	km	164.160	496.920	501.840	5.000	1101.56	6.000	10.000	3.000
4-48	60kg 钢轨（普通扣件）	凸形浮置板	每增加 80 对	km								

工作内容：检配、散布与安装钢轨配件和轨枕扣件，钢轨支撑架安拆，组装扣件，悬挂钢筋混凝土轨枕，调整、就位、上油、检修，龙门架轨道的铺拆等。

编号	项目			单位	预算基价				人工	材料	
					总价	人工费	材料费	机械费	综合工	普通扣件	钢轨 60kg 25m
					元	元	元	元	工日	套	根
									135.00		6796.58
4-49	60kg 钢轨（普通扣件）	钢弹簧浮置板	1600 对	km	**646231.48**	87382.80	551884.03	6964.65	647.28	(3209.600)	80.080
4-50	60kg 钢轨（普通扣件）	钢弹簧浮置板	1680 对	km	**650411.08**	91562.40	551884.03	6964.65	678.24	(3370.080)	80.080
4-51	60kg 钢轨（普通扣件）	钢弹簧浮置板	每增加 80 对	km	**4179.60**	4179.60			30.96	(160.480)	

续前

编号	项目			单位	材料					机械		
					接头夹板 60kg	高强度接头螺栓带帽 60kg	弹簧垫圈 60kg	钢轨支撑架	零星材料费	轨道车 210kW以内	轨道平车 30t	铺轨龙门架
					块	套	个	套	元	台班	台班	台班
					4.02	5.53	0.95	525.54		454.34	206.52	724.47
4-49	60kg 钢轨（普通扣件）	钢弹簧浮置板	1600 对	km	164.160	496.920	501.840	5.000	1101.56	6.000	10.000	3.000
4-50			1680 对		164.160	496.920	501.840	5.000	1101.56	6.000	10.000	3.000
4-51			每增加 80 对									

(4) 直线电机线路机械铺轨

工作内容： 轨节运至铺轨工地(或前方作业站)后,轨节列车的调车,轨节的倒装拖拉、悬挂钢筋混凝土轨节,合拢口锯轨、钢轨钻孔,安装钢轨配件,钢轨支撑架安拆,调整、就位、上油、检修,龙门架轨道的铺拆等。

编号	项目			单位	预算基价				人工	材料	
					总价	人工费	材料费	机械费	综合工	混凝土长枕扣件	弹性隔离层
					元	元	元	元	工日	套	个
									135.00		
4-52	60kg 钢轨(普通扣件)	混凝土长枕	1600 根	km	**919310.90**	87075.00	823908.06	8327.84	645.00	(3209.600)	(3209.600)
4-53			1680 根		**936713.01**	91125.00	837260.17	8327.84	675.00	(3370.080)	(3370.080)
4-54			每增加 80 根		**17375.46**	4050.00	13325.46		30.00	(160.480)	(160.480)

续前

编号	项目			单位	材料：钢轨 60kg 25m	材料：混凝土长枕	材料：钢支墩	材料：零星材料费	机械：铺轨龙门架	机械：门式起重机 10t	机械：轨道平车 30t	机械：轨道车 210kW以内
					根	根	个	元	台班	台班	台班	台班
					6796.58	166.07	467.22		724.47	465.57	206.52	454.34
4-52	60kg 钢 轨（普 通 扣 件）	混凝土长枕	1600 根	km	80.080	1604.800	24.580	1644.53	2.000	2.000	20.000	4.000
4-53			1680 根		80.080	1685.040	24.580	1671.18	2.000	2.000	20.000	4.000
4-54			每增加 80 根			80.240						

3.地面碎石道床铺轨

(1)人 工 铺 轨

工作内容: 选配钢轨,挂线散枕,摆、排轨枕,涂绝缘膏,吊散钢轨,合拢口锯轨,钢轨钻孔,钢轨划印,方正轨枕,散布与安装钢轨配件和轨枕扣件,上油,检修,拔荒道等。

编号	项目			单位	预算基价 总价	人工费	材料费	机械费	人工 综合工	材料 接头夹板 50kg	接头螺栓带帽 50kg
					元	元	元	元	工日	块	套
									135.00	3.65	4.84
4-55	50kg 钢轨 25m	混凝土枕	1600 根	km	**881795.98**	63162.45	815205.31	3428.22	467.87	164.160	496.920
4-56	50kg 钢轨 25m	混凝土枕	1680 根	km	**904012.01**	66221.55	834362.24	3428.22	490.53	164.160	496.920
4-57	50kg 钢轨 25m	混凝土枕	每增加 80 根	km	**22168.26**	3059.10	19109.16		22.66		

续前

编号	项目			单位	材料					机械	
					弹簧垫圈 50kg	钢轨 50kg 25m	混凝土长枕	50kg 钢轨弹条 Ⅰ型扣件	零星材料费	轨道车 210kW以内	轨道平车 30t
					个	根	根	套	元	台班	台班
					0.93	5338.64	166.07	36.04		454.34	206.52
4-55	50kg 钢轨 25m	混凝土枕	1600 根	km	501.820	80.080	1604.800	3209.600	2032.93	3.000	10.000
4-56	50kg 钢轨 25m	混凝土枕	1680 根	km	501.820	80.080	1685.040	3370.080	2080.70	3.000	10.000
4-57	50kg 钢轨 25m	混凝土枕	每增加 80 根	km			80.240	160.480			

工作内容：选配钢轨，挂线散枕，摆、排轨枕，涂绝缘膏，吊散钢轨，合拢口锯轨，钢轨钻孔，钢轨划印，方正轨枕，散布与安装钢轨配件和轨枕扣件，上油，检修，拔荒道等。

编号	项目			单位	预算基价 总价	预算基价 人工费	预算基价 材料费	预算基价 机械费	人工 综合工	材料 接头夹板 60kg	材料 接头螺栓带帽 60kg
					元	元	元	元	工日	块	套
									135.00	4.02	5.08
4-58	60kg 钢轨 25m	混凝土枕	1600 根	km	**1000898.86**	70114.95	927355.69	3428.22	519.37	164.160	496.920
4-59	60kg 钢轨 25m	混凝土枕	1680 根	km	**1023176.60**	73489.95	946258.43	3428.22	544.37	164.160	496.920
4-60	60kg 钢轨 25m	混凝土枕	每增加 80 根	km	**22230.60**	3375.00	18855.60		25.00		

续前

编号	项目			单位	材料					机械	
					弹簧垫圈 60kg	钢轨 60kg 25m	混凝土长枕	60kg 钢轨弹条 Ⅰ型扣件	零星材料费	轨道车 210kW以内	轨道平车 30t
					个	根	根	套	元	台班	台班
					0.95	6796.58	166.07	34.46		454.34	206.52
4-58	60kg 钢轨 25m	混凝土枕	1600 根	km	501.820	80.080	1604.800	3209.600	2312.61	3.000	10.000
4-59	60kg 钢轨 25m	混凝土枕	1680 根	km	501.820	80.080	1685.040	3370.080	2359.75	3.000	10.000
4-60	60kg 钢轨 25m	混凝土枕	每增加 80 根	km			80.240	160.480			

(2)机械铺轨

工作内容：轨节运至铺轨工地(或前方作业站)后,轨节列车的调车,轨节的倒装拖拉、吊、铺,合拢口锯轨、钢轨钻孔,安装钢轨配件,检查、拔荒道,龙门架轨道的铺拆等。

编号	项目			单位	预算基价 总价	人工费	材料费	机械费	人工 综合工	材料 接头夹板 50kg	接头螺栓带帽 50kg	弹簧垫圈 50kg
					元	元	元	元	工日	块	套	个
									135.00	3.65	4.84	0.93
4-61	50kg 钢轨 25m	混凝土枕	1600 根	km	**838137.31**	17145.00	814798.72	6193.59	127.00	164.160	496.920	501.820
4-62	50kg 钢轨 25m	混凝土枕	1680 根	km	**857284.69**	17145.00	833946.10	6193.59	127.00	164.160	496.920	501.820
4-63	50kg 钢轨 25m	混凝土枕	每增加 80 根	km	**19109.16**		19109.16					

续前

编号	项目			单位	材料				机械			
					钢轨 50kg 25m	混凝土长枕	50kg 钢轨弹条 Ⅰ型扣件	零星材料费	铺轨龙门架	门式起重机 10t	轨道平车 30t	轨道车 210kW以内
					根	根	套	元	台班	台班	台班	台班
					5338.64	166.07	36.04		724.47	465.57	206.52	454.34
4-61	50kg 钢轨 25m	混凝土枕	1600 根	km	80.080	1604.800	3209.600	1626.34	2.000	1.000	15.000	2.600
4-62	50kg 钢轨 25m	混凝土枕	1680 根	km	80.080	1685.040	3370.080	1664.56	2.000	1.000	15.000	2.600
4-63	50kg 钢轨 25m	混凝土枕	每增加 80 根	km		80.240	160.480					

工作内容：轨节运至铺轨工地(或前方作业站)后,轨节列车的调车,轨节的倒装拖拉、吊、铺,合拢口锯轨、钢轨钻孔,安装钢轨配件,检查、拔荒道,龙门架轨道的铺拆等。

编号	项目			单位	预算基价 总价	人工费	材料费	机械费	人工 综合工	材料 接头夹板 60kg	接头螺栓带帽 60kg	弹簧垫圈 60kg
					元	元	元	元	工日	块	套	个
									135.00	4.02	5.08	0.95
4-64	60kg 钢轨 25m	混凝土枕	1600 根	km	**950231.76**	17145.00	926893.17	6193.59	127.00	164.160	496.920	501.820
4-65	60kg 钢轨 25m	混凝土枕	1680 根	km	**969125.07**	17145.00	945786.48	6193.59	127.00	164.160	496.920	501.820
4-66	60kg 钢轨 25m	混凝土枕	每增加 80 根	km	**18855.60**		18855.60					

编号	项目			单位	材料				机械			
					钢轨 60kg 25m	混凝土长枕	60kg 钢轨弹条Ⅰ型扣件	零星材料费	铺轨龙门架	门式起重机 10t	轨道平车 30t	轨道车 210kW以内
					根	根	套	元	台班	台班	台班	台班
					6796.58	166.07	34.46		724.47	465.57	206.52	454.34
4-64	60kg 钢轨 25m	混凝土枕	1600 根	km	80.080	1604.800	3209.600	1850.09	2.000	1.000	15.000	2.600
4-65			1680 根		80.080	1685.040	3370.080	1887.80	2.000	1.000	15.000	2.600
4-66			每增加 80 根			80.240	160.480					

(3) 人工铺异型轨

工作内容：选配钢轨，挂线散枕，摆、排轨枕，木枕打印、钻孔、注油，吊散钢轨，合拢口锯轨，钢轨钻孔，钢轨划印，方正轨枕，散布与安装钢轨配件和轨枕扣件，上油，检修，拔荒道等。

编号	项目			单位	预算基价				人工	材料			
					总价	人工费	材料费	机械费	综合工	异型钢轨 50~60kg 6.25m	接头夹板 50kg	接头夹板 60kg	接头螺栓带帽 50kg
					元	元	元	元	工日	根	块	块	套
									135.00	1257.08	3.65	4.02	4.84
4-67	50~60kg 轨长 6.25m	混凝土枕	1600 根	km	**880693.05**	79035.75	798229.08	3428.22	585.45	320.320	320.320	320.320	969.600
4-68			1680 根		**903131.42**	82410.75	817292.45	3428.22	610.45	320.320	320.320	320.320	969.600
4-69			每增加 80 根		**22357.89**	3375.00	18982.89		25.00				

续前

编号	项目			单位	材料							机械	
					高强度接头螺栓带帽60kg	弹簧垫圈50kg	弹簧垫圈60kg	混凝土长枕	平垫圈25×45×4	60kg钢轨弹条Ⅰ型扣件	零星材料费	轨道车210kW以内	轨道平车30t
					套	个	个	根	个	套	元	台班	台班
					5.53	0.93	0.95	166.07	0.39	34.46		454.34	206.52
4-67	50～60kg 轨长6.25m	混凝土枕	1600 根	km	969.600	979.200	979.200	1604.800	6419.200	3209.600	1593.27	3.000	10.000
4-68			1680 根		969.600	979.200	979.200	1685.040	6854.400	3370.080	1631.32	3.000	10.000
4-69			每增加80根					80.240	326.400	160.480			

工作内容： 选配钢轨，挂线散枕，摆、排轨枕，木枕打印、钻孔、注油，吊散钢轨，合拢口锯轨，钢轨钻孔，钢轨划印，方正轨枕，散布与安装钢轨配件和轨枕扣件，上油，检修，拔荒道等。

编号	项目			单位	预算基价				人工	材料			
					总价	人工费	材料费	机械费	综合工	异型钢轨 12.5m	接头夹板 50kg	接头夹板 60kg	接头螺栓带帽 50kg
					元	元	元	元	工日	根	块	块	套
									135.00	2514.15	3.65	4.02	4.84
4-70	50～60kg 轨长 12.5m	混凝土枕	1600 根	km	**869716.80**	75251.70	791036.88	3428.22	557.42	160.160	160.160	160.160	484.800
4-71			1680 根		**892155.17**	78626.70	810100.25	3428.22	582.42	160.160	160.160	160.160	484.800
4-72			每增加 80 根		**22357.89**	3375.00	18982.89		25.00				

编号	项目			单位	材料							机械	
					高强度接头螺栓带帽60kg	弹簧垫圈50kg	弹簧垫圈60kg	混凝土长枕	平垫圈25×45×4	60kg钢轨弹条Ⅰ型扣件	零星材料费	轨道车210kW以内	轨道平车30t
					套	个	个	根	个	套	元	台班	台班
					5.53	0.93	0.95	166.07	0.39	34.46		454.34	206.52
4-70	50～60kg 轨长 12.5m	混凝土枕	1600 根	km	484.800	489.600	489.600	1604.800	6419.200	3209.600	1578.92	3.000	10.000
4-71			1680 根		484.800	489.600	489.600	1685.040	6854.400	3370.080	1616.97	3.000	10.000
4-72			每增加80根					80.240	326.400	160.480			

4.桥面铺轨

工作内容：清理桥面，吊运钢轨、轨枕及配件，散布钢轨、轨枕、配件，钢轨支撑架安拆，安装钢轨配件及轨枕扣件，上油，检修，龙门架轨道铺拆等。

编号	项目			单位	预算基价				人工	材料		
					总价	人工费	材料费	机械费	综合工	混凝土短枕扣件	钢轨 60kg 25m	接头夹板 60kg
					元	元	元	元	工日	套	根	块
									135.00		6796.58	4.02
4-73	60kg 钢轨（普通扣件）	混凝土短枕	1600 对	km	**953063.78**	81162.00	863998.70	7903.08	601.20	(3209.600)	80.080	164.160
4-74			1680 对		**972849.11**	85341.60	879604.43	7903.08	632.16	(3370.080)	80.080	164.160
4-75			每增加 80 对		**19754.18**	4179.60	15574.58		30.96	(160.480)		

编号	项目			单位	材料					机械			
					高强度接头螺栓带帽 60kg	弹簧垫圈 60kg	钢轨支撑架	混凝土短枕	零星材料费	轨道车 210kW以内	轨道平车 30t	铺轨龙门架	汽车式起重机 8t
					套	个	套	块	元	台班	台班	台班	台班
					5.53	0.95	525.54	97.05		454.34	206.52	724.47	767.15
4-73	60kg 钢轨（普通扣件）	混凝土短枕	1600 对	km	496.920	501.840	5.000	3209.600	1724.55	3.000	10.000	3.000	3.000
4-74	60kg 钢轨（普通扣件）	混凝土短枕	1680 对	km	496.920	501.840	5.000	3370.080	1755.70	3.000	10.000	3.000	3.000
4-75	60kg 钢轨（普通扣件）	混凝土短枕	每增加 80 对	km				160.480					

工作内容：清理桥面，吊运钢轨、轨枕及配件，散布钢轨、轨枕、配件，钢轨支撑架安拆，安装钢轨配件及轨枕扣件，上油，检修，龙门架轨道铺拆等。

编号	项目			单位	预算基价				人工	材料		
					总价	人工费	材料费	机械费	综合工	混凝土短枕扣件	橡胶包套（含微孔橡胶垫板）	钢轨 60kg 25m
					元	元	元	元	工日	套	套	根
									135.00			6796.58
4-76	60kg 钢轨（普通扣件）	混凝土弹性短枕	1600 对	km	**974257.34**	81162.00	885192.26	7903.08	601.20	(3209.600)	(3209.600)	80.080
4-77	60kg 钢轨（普通扣件）	混凝土弹性短枕	1680 对	km	**995102.36**	85341.60	901857.68	7903.08	632.16	(3370.080)	(3370.080)	80.080
4-78	60kg 钢轨（普通扣件）	混凝土弹性短枕	每增加 80 对	km	**20811.75**	4179.60	16632.15		30.96	(160.480)	(160.480)	

续前

编号	项目			单位	材料						机械			
					接头夹板 60kg	高强度接头螺栓带帽 60kg	弹簧垫圈 60kg	钢轨支撑架	混凝土弹性短枕	零星材料费	轨道车 210kW以内	轨道平车 30t	铺轨龙门架	汽车式起重机 8t
					块	套	个	套	块	元	台班	台班	台班	台班
					4.02	5.53	0.95	525.54	103.64		454.34	206.52	724.47	767.15
4-76	60kg 钢轨（普通扣件）	混凝土弹性短枕	1600 对	km	164.160	496.920	501.840	5.000	3209.600	1766.85	3.000	10.000	3.000	3.000
4-77			1680 对		164.160	496.920	501.840	5.000	3370.080	1800.12	3.000	10.000	3.000	3.000
4-78			每增加 80 对						160.480					

工作内容：清理桥面，吊运钢轨、轨枕及配件，散布钢轨、轨枕、配件，钢轨支撑架安拆，安装钢轨配件及轨枕扣件，上油，检修，龙门架轨道铺拆等。

编号	项目			单位	预算基价				人工	材料		
					总价	人工费	材料费	机械费	综合工	混凝土短枕减振型扣件	钢轨 60kg 25m	接头夹板 60kg
					元	元	元	元	工日	套	根	块
									135.00		6796.58	4.02
4-79	60kg 钢轨（减振型扣件）	混凝土短枕	1600 对	km	**953063.78**	81162.00	863998.70	7903.08	601.20	(3209.600)	80.080	164.160
4-80	60kg 钢轨（减振型扣件）	混凝土短枕	1680 对	km	**972849.11**	85341.60	879604.43	7903.08	632.16	(3370.080)	80.080	164.160
4-81	60kg 钢轨（减振型扣件）	混凝土短枕	每增加 80 对	km	**19754.18**	4179.60	15574.58		30.96	(160.480)		

续前

编号	项目			单位	材料					机械			
					高强度接头螺栓带帽60kg	弹簧垫圈60kg	钢轨支撑架	混凝土短枕	零星材料费	轨道车210kW以内	轨道平车30t	铺轨龙门架	汽车式起重机8t
					套	个	套	块	元	台班	台班	台班	台班
					5.53	0.95	525.54	97.05		454.34	206.52	724.47	767.15
4-79	60kg 钢轨（减振型扣件）	混凝土短枕	1600 对	km	496.920	501.840	5.000	3209.600	1724.55	3.000	10.000	3.000	3.000
4-80			1680 对		496.920	501.840	5.000	3370.080	1755.70	3.000	10.000	3.000	3.000
4-81			每增加 80 对					160.480					

工作内容：清理桥面，吊运钢轨、轨枕及配件，散布钢轨、轨枕、配件，钢轨支撑架安拆，安装钢轨配件及轨枕扣件，上油，检修，龙门架轨道铺拆等。

编号	项目			单位	预算基价 总价	人工费	材料费	机械费	人工 综合工	材料 混凝土短枕减振型扣件	橡胶包套(含微孔橡胶垫板)	钢轨 60kg 25m
					元	元	元	元	工日	套	套	根
									135.00			6796.58
4-82	60kg 钢轨(减振型扣件)	混凝土弹性短枕	1600 对	km	**974257.34**	81162.00	885192.26	7903.08	601.20	(3209.600)	(3209.600)	80.080
4-83	60kg 钢轨(减振型扣件)	混凝土弹性短枕	1680 对	km	**995102.36**	85341.60	901857.68	7903.08	632.16	(3370.080)	(3370.080)	80.080
4-84	60kg 钢轨(减振型扣件)	混凝土弹性短枕	每增加 80 对	km	**20811.75**	4179.60	16632.15		30.96	(160.480)	(160.480)	

续前

编号	项目			单位	材料						机械			
					接头夹板 60kg	高强度接头螺栓带帽 60kg	弹簧垫圈 60kg	钢轨支撑架	混凝土弹性短枕	零星材料费	轨道车 210kW以内	轨道平车 30t	汽车式起重机 8t	铺轨龙门架
					块	套	个	套	块	元	台班	台班	台班	台班
					4.02	5.53	0.95	525.54	103.64		454.34	206.52	767.15	724.47
4-82	60kg 钢轨（减振型扣件）	混凝土弹性短枕	1600 对	km	164.160	496.920	501.840	5.000	3209.600	1766.85	3.000	10.000	3.000	3.000
4-83	60kg 钢轨（减振型扣件）	混凝土弹性短枕	1680 对	km	164.160	496.920	501.840	5.000	3370.080	1800.12	3.000	10.000	3.000	3.000
4-84	60kg 钢轨（减振型扣件）	混凝土弹性短枕	每增加 80 对	km					160.480					

工作内容：清理桥面，吊运钢轨、轨枕及配件，散布钢轨、轨枕、配件，安装钢轨配件及轨枕扣件，上油，检修，龙门架轨道铺拆等。

编号	项目			单位	预算基价				人工	材料		
					总价	人工费	材料费	机械费	综合工	混凝土长枕扣件	钢轨 60kg 25m	接头夹板 60kg
					元	元	元	元	工日	套	根	块
									135.00		6796.58	4.02
4-85	60kg 钢轨（普通扣件）	混凝土长枕	1600 根	km	**906546.31**	82350.00	816293.23	7903.08	610.00	(3209.600)	80.080	164.160
4-86	60kg 钢轨（普通扣件）	混凝土长枕	1680 根	km	**924488.42**	86940.00	829645.34	7903.08	644.00	(3370.080)	80.080	164.160
4-87	60kg 钢轨（普通扣件）	混凝土长枕	每增加 80 根	km	**17915.46**	4590.00	13325.46		34.00	(160.480)		

续前

编号	项目			单位	材料				机械			
					高强度接头螺栓带帽60kg	弹簧垫圈60kg	混凝土长枕	零星材料费	轨道车210kW以内	轨道平车30t	汽车式起重机8t	铺轨龙门架
					套	个	根	元	台班	台班	台班	台班
					5.53	0.95	166.07		454.34	206.52	767.15	724.47
4-85	60kg 钢 轨（普 通 扣 件）	混凝土长枕	1600 根	km	496.920	501.840	1604.800	1629.33	3.000	10.000	3.000	3.000
4-86			1680 根		496.920	501.840	1685.040	1655.98	3.000	10.000	3.000	3.000
4-87			每增加 80 根				80.240					

工作内容：清理桥面，吊运钢轨、轨枕及配件，散布钢轨、轨枕、配件，安装钢轨配件及轨枕扣件，上油，检修，龙门架轨道铺拆等。

编号	项目			单位	预算基价				人工	材料		
					总价	人工费	材料费	机械费	综合工	混凝土长枕减振型扣件	钢轨 60kg 25m	接头夹板 60kg
					元	元	元	元	工日	套	根	块
									135.00		6796.58	4.02
4-88	60kg 钢轨（减振型扣件）	混凝土长枕	1600 根	km	**906546.31**	82350.00	816293.23	7903.08	610.00	(3209.600)	80.080	164.160
4-89	60kg 钢轨（减振型扣件）	混凝土长枕	1680 根	km	**924488.42**	86940.00	829645.34	7903.08	644.00	(3370.080)	80.080	164.160
4-90	60kg 钢轨（减振型扣件）	混凝土长枕	每增加 80 根	km	**17915.46**	4590.00	13325.46		34.00	(160.480)		

编号	项目			单位	材料				机械			
					高强度接头螺栓带帽60kg	弹簧垫圈60kg	混凝土长枕	零星材料费	轨道车210kW以内	轨道平车30t	汽车式起重机8t	铺轨龙门架
					套	个	根	元	台班	台班	台班	台班
					5.53	0.95	166.07		454.34	206.52	767.15	724.47
4-88	60kg 钢轨（减振型扣件）	混凝土长枕	1600 根	km	496.920	501.840	1604.800	1629.33	3.000	10.000	3.000	3.000
4-89			1680 根		496.920	501.840	1685.040	1655.98	3.000	10.000	3.000	3.000
4-90			每增加 80 根				80.240					

5.道岔尾部无枕地段人工铺轨

工作内容：选配钢轨，涂绝缘膏，吊散钢轨，钢轨划印，方正轨枕，散布与安装钢轨配件和轨枕扣件，上油，检修等。

编号	项目			单位	预算基价				人工	材料							
					总价	人工费	材料费	机械费	综合工	接头夹板 50kg	接头夹板 60kg	接头螺栓带帽 50kg	高强度接头螺栓带帽 60kg	弹簧垫圈 50kg	弹簧垫圈 60kg	钢轨 50kg 12.5m	钢轨 50kg 25m
					元	元	元	元	工日	块	块	套	套	个	个	根	根
									135.00	3.65	4.02	4.84	5.53	0.93	0.95	2669.23	5338.64
4-91	混凝土岔枕地段	50kg钢轨	轨长12.5m	km	620426.04	51630.75	567514.87	1280.42	382.45	320.320		969.600		979.200		160.160	
4-92	混凝土岔枕地段	50kg钢轨	轨长25m	km	616677.47	51260.85	564136.20	1280.42	379.71	160.160		484.800		489.600			80.080
4-93	混凝土岔枕地段	60kg钢轨	轨长25m	km	730782.18	53565.30	675936.46	1280.42	396.78		160.160		484.800		489.600		

续前

编号	项目			单位	材料												机械	
					钢轨 60kg 25m	50kg钢轨弹条Ⅰ型扣件	60kg钢轨弹条Ⅰ型扣件	水泥 32.5级	中粗砂	滑石粉	石油沥青 10#	煤	机油	硫磺	白石蜡	零星材料费	轨道车 210kW以内	轨道平车 30t
					根	套	套	kg	m^3	kg	kg	t	kg	kg	kg	元	台班	台班
					6796.58	36.04	34.46	0.36	89.35	0.59	4.04	527.83	7.21	1.88	8.55		454.34	206.52
4-91	混凝土岔枕地段	50kg钢轨	轨长12.5m	km		3530.560		718.100	1.760	44.900	164.700	0.880	19.800	1429.100	54.100	1132.76	1.000	4.000
4-92	混凝土岔枕地段	50kg钢轨	轨长25m	km		3530.560		718.100	1.760	44.900	164.700	0.880	19.800	1429.100	54.100	1126.02	1.000	4.000
4-93	混凝土岔枕地段	60kg钢轨	轨长25m	km	80.080		3530.560	718.100	1.760	44.900	164.700	0.880	19.800	1429.100	54.100	1349.17	1.000	4.000

6.库内人工铺轨

工作内容：检配、散布、安装钢轨及配件，钢轨支撑架安拆，悬挂轨枕，调整、就位、上油、检修，龙门架轨道的铺拆等。

编号	项目				单位	预算基价 总价	人工费	材料费	机械费	人工 综合工	材料 混凝土短枕扣件	普通扣件	钢轨 60kg 25m	接头夹板 60kg	接头螺栓带帽 60kg
						元	元	元	元	工日	套	套	根	块	套
										135.00			6796.58	4.02	5.08
4-94	整体道床	50kg钢轨	轨长25m	1440对	km	**826770.02**	108245.70	712922.69	5601.63	801.82	(2890.370)				
4-95	整体道床	60kg钢轨	轨长25m	1440对	km	**949356.57**	113656.50	830098.44	5601.63	841.90	(2890.370)		80.080	164.160	496.920
4-96	检查坑有轨枕	50kg钢轨	轨长25m	1440对	km	**833050.12**	111492.45	715956.04	5601.63	825.87	(2888.640)				
4-97	检查坑无轨枕	50kg钢轨	轨长25m		km	**523946.76**	76410.00	441935.13	5601.63	566.00		(2890.370)			

续前

编号	项目				单位	材料									机械		
						弹簧垫圈 60kg	钢轨 50kg 25m	接头夹板 50kg	接头螺栓带帽 50kg	弹簧垫圈 50kg	混凝土短枕	高强度接头螺栓带帽 50kg	高强度塑料套管	零星材料费	轨道车 210kW以内	轨道平车 30t	铺轨龙门架
						个	根	块	套	个	块	套	个	元	台班	台班	台班
						0.95	5338.64	3.65	4.84	0.93	97.05	11.27	1.07		454.34	206.52	724.47
4-94	整体道床	50kg钢轨	轨长25m	1440对	km		80.080	164.160	496.920	501.840	2890.370			1423.00	3.000	10.000	3.000
4-95	整体道床	60kg钢轨	轨长25m	1440对	km	501.840					2890.370			1656.88	3.000	10.000	3.000
4-96	检查坑有轨枕	50kg钢轨	轨长25m	1440对	km		80.080	164.160		501.840	2888.640	496.920		1429.05	3.000	10.000	3.000
4-97	检查坑无轨枕	50kg钢轨	轨长25m		km		80.080	164.160		501.840		496.920	6419.200	882.11	3.000	10.000	3.000

7.铺设无缝线路

(1)长轨压接焊作业线、长轨铺轨机安拆与调试

工作内容：安装、调试、试运转,施工完成后拆除。

编号	项目	单位	预算基价				人工	材料					机械			
			总价	人工费	材料费	机械费	综合工	角钢 50×5	铁件 含制作费	钢轨 60kg 25m	木枕 II类	零星材料费	汽车式起重机 8t	汽车式起重机 20t	气压焊机组	铺轨机组
			元	元	元	元	工日	m	kg	根	根	元	台班	台班	台班	台班
							135.00	14.14	9.49	6796.58	160.00		767.15	1043.80	279.09	226.67
4-98	长轨压接焊作业线	1次	**121327.01**	80666.55	31342.10	9318.36	597.53	39.000	709.600	1.760	75.200	62.56	3.370	6.250	0.750	
4-99	长轨铺轨机	1次	**14973.16**	10166.85	4724.71	81.60	75.31		72.000		25.200	9.43				0.360

(2)厂内焊接长钢轨(接触焊)

工作内容：选配轨、除锈、焊接、正火及风冷、粗打磨、水冷、调直、精磨、探伤、吊轨、编号、分类堆码，焊头落锤试验。

编号	项目	单位	预算基价				人工	材料					机械		
			总价	人工费	材料费	机械费	综合工	水	钢轨 60kg 25m	氧气 $6m^3$	乙炔气	零星材料费	气压焊机组	门式起重机 5t	门式起重机 10t
			元	元	元	元	工日	m^3	根	m^3	kg	元	台班	台班	台班
							135.00	7.62	6796.58	2.88	14.66		279.09	377.21	465.57
4-100	厂内焊接长钢轨(接触焊)	10个接头	**3554.26**	1366.20	737.53	1450.53	10.12	3.100	0.050	7.800	15.600	122.92	0.170	3.300	0.340

(3) 铺设长钢轨

工作内容： 检配、散布与安装钢轨配件，钢轨支撑架安拆，组装扣件，悬挂钢筋混凝土轨枕，调整、就位、上油、检修，龙门架轨道的铺拆等。

编号	项目		单位	预算基价				人工	材料
				总价	人工费	材料费	机械费	综合工	混凝土短枕扣件
				元	元	元	元	工日	套
								135.00	
4-101	一次性人工铺无缝线路（整体道床）（混凝土短枕）	1600 对	km	**996983.27**	131275.35	860106.29	5601.63	972.41	(3209.600)
4-102		1680 对		**1017088.55**	135774.90	875712.02	5601.63	1005.74	(3370.080)
4-103		每增加 80 对		**20074.13**	4499.55	15574.58		33.33	(160.480)

续前

编号	项目		单位	材料				机械		
				钢轨 60kg 25m	钢轨支撑架	混凝土短枕	零星材料费	轨道车 210kW以内	轨道平车 30t	铺轨龙门架
				根	套	块	元	台班	台班	台班
				6796.58	525.54	97.05		454.34	206.52	724.47
4-101	一次性人工铺无缝线路（整体道床）（混凝土短枕）	1600 对	km	80.080	5.000	3209.600	1716.78	3.000	10.000	3.000
4-102		1680 对		80.080	5.000	3370.080	1747.93	3.000	10.000	3.000
4-103		每增加 80 对				160.480				

工作内容：检配、散布与安装钢轨配件，钢轨支撑架安拆，组装扣件，悬挂钢筋混凝土轨枕，调整、就位、上油、检修，龙门架轨道的铺拆等。

编号	项目		单位	预算基价				人工	材料				机械		
				总价	人工费	材料费	机械费	综合工	混凝土长枕扣件	钢轨 60kg 25m	混凝土长枕	零星材料费	铺轨机组	轨道车 210kW以内	长轨运输平车
				元	元	元	元	工日	套	根	根	元	台班	台班	台班
								135.00		6796.58	166.07		226.67	454.34	88.05
4-104	一次性机械铺无缝线路（碎石道床）	1680 根	km	**843687.62**	13324.50	825752.93	4610.19	98.70	(3370.080)	80.080	1685.040	1648.21	2.000	3.000	31.730

工作内容：施工准备、拆除扣件、拆除工具轨、换铺长钢轨、上扣件、紧固扣件、检查、整修，回收倒用轨料。

编号	项目	单位	预算基价				人工	材料		机械			
			总价	人工费	材料费	机械费	综合工	混凝土长枕扣件	零星材料费	长轨运输平车	轨道车 210kW以内	轨道式内燃起重机 16t	小型机具
			元	元	元	元	工日	套	元	台班	台班	台班	元
							135.00			88.05	454.34	778.65	
4-105	换铺长钢轨	km	**25934.38**	21951.00	1.97	3981.41	162.60	(4.800)	1.97	10.500	1.500	3.000	39.42

(4) 工地钢轨焊接

工作内容：焊轨前的准备、拆除扣件，轨端打磨、对轨、焊轨、打磨、探伤，安装扣件，清理现场，焊头落锤试验。

编号	项目	单位	预算基价				人工	材料				
			总价	人工费	材料费	机械费	综合工	钢轨 60kg 25m	封箱泥	密封膏	坩埚(铝热焊用)	预热装置及支架
			元	元	元	元	工日	根	kg	支	个	套
							135.00	6796.58	0.27	2.63	267.00	10310.00
4-106	铝热焊	1个接头	**1597.16**	702.00	732.41	162.75	5.20	0.005	5.183	0.518	1.037	0.002
4-107	气压焊	1个接头	**1511.43**	1188.00	166.43	157.00	8.80	0.005				
4-108	接触焊	1个接头	**1061.59**	940.95	61.50	59.14	6.97	0.005				

续前

编号	项目	单位	材料							机械				
			助燃剂	液压油	乙炔气	铝热焊剂	氧气 6m^3	碗形砂轮	零星材料费	气压焊机组	长轨铝热焊机组	汽油发电机组 10kW	仪器仪表使用费	小型机具
			根	kg	kg	包	m^3	个	元	台班	台班	台班	元	元
			2.67	9.44	14.66	328.81	2.88	68.90		279.09	335.15	170.14		
4-106	铝热焊	1个接头	1.037		2.488	1.037	1.244		14.36		0.228	0.228	44.35	3.19
4-107	气压焊	1个接头		0.052	3.555		1.783	1.037	3.26	0.234		0.243	47.27	3.08
4-108	接触焊	1个接头		0.135	1.555		0.777		1.21		0.173			1.16

(5) 无缝线路绝缘接头

工作内容：胶结绝缘接头制作、安装。

编号	项目		单位	预算基价			人工	材料
				总价	人工费	材料费	综合工	胶结绝缘接头
				元	元	元	工日	套
							135.00	6.66
4-109	无缝线路绝缘接头	60kg 钢轨 25m	1个接头	**727.56**	720.90	6.66	5.34	1.000

(6) 应力放散及锁定

工作内容： 1.应力放散：施工准备，扒道碴，送扣件，安拆滚轮支撑钢轨，安拆拉伸器落轨，长钢轨应力放散，紧扣件、整理道床。2.锁定：方正接头接轨，拧紧螺栓，测量放散量，标写锁定轨温及日期。

编号	项目			单位	预算基价			人工	机械	
					总价	人工费	机械费	综合工	钢轨拉伸机	柴油发电机 50kW以内
					元	元	元	工日	台班	台班
								135.00	975.72	515.22
4-110	应力放散	正线		km·次	**13668.75**	13668.75		101.25		
4-111	应力放散	道岔	9#	组·次	**6426.00**	6426.00		47.60		
4-112	应力放散	道岔	12#	组·次	**8100.00**	8100.00		60.00		
4-113	锁定			km·次	**4853.48**	3780.00	1073.48	28.00	0.720	0.720

8.轨 料 运 输

(1)水 平 运 输

工作内容：施工准备、轨料装车、场内调车、运输、卸车、返回。

编号	项目		单位	预算基价				人工	材料					机械			
				总价	人工费	材料费	机械费	综合工	钢筋	卡轨器	钢管 *DN*50	垫木	零星材料费	轨道车 210kW以内	长轨运输平车	门式起重机 5t	轨道平板吊车 16t
				元	元	元	元	工日	kg	个	kg	m^3	元	台班	台班	台班	台班
								135.00	3.89	25.86	3.83	1049.18		454.34	88.05	377.21	726.38
4-114	长钢轨	10km以内装、运、卸	10t	**742.01**	270.00	39.51	432.50	2.00	2.400	0.130	6.900		0.39	0.260	1.000	0.600	
4-115	长钢轨	每增10km	10t	**44.11**	17.55		26.56	0.13						0.010	0.250		
4-116	标准轨及道岔	10km以内装、运、卸	10t	**1466.17**	283.50	765.83	416.84	2.10		0.110		0.720	7.58	0.230			0.430
4-117	标准轨及道岔	每增10km	10t	**203.69**	17.55		186.14	0.13						0.010			0.250

(2)垂直运输

工作内容：施工准备、轨料垂直运输。

编号	项目	单位	预算基价			人工	机械
			总价	人工费	机械费	综合工	门式起重机 10t
			元	元	元	工日	台班
						135.00	465.57
4-118	轨料	10t	**100.56**	54.00	46.56	0.40	0.100

9.单 开 道 岔

(1) 混凝土岔枕

工作内容：整平路面，选配与吊散道岔及岔枕，散布与安装道岔配件和岔枕扣件，紧固扣件，整修等。

编号	项目		单位	预算基价				人工	材料	
				总价	人工费	材料费	机械费	综合工	混凝土岔枕 50kg 9#（单开道岔）	混凝土岔枕 50kg 12#（单开道岔）
				元	元	元	元	工日	组	组
								135.00	28994.00	29483.00
4-119	50kg	9#	组	**148745.61**	13570.20	134538.38	637.03	100.52	1.003	
4-120	50kg	12#	组	**202860.15**	17690.40	184464.73	705.02	131.04		1.003

续前

编号	项目		单位	材料			机械		
				单开道岔 50kg 9#（混凝土枕用）AT	单开道岔 50kg 12#（混凝土枕用）AT	零星材料费	门式起重机 10t	轨道车 210kW以内	轨道平车 30t
				组	组	元	台班	台班	台班
				105323.00	154709.00		465.57	454.34	206.52
4-119	50kg	9#	组	1.000		134.40	0.765	0.425	0.425
4-120	50kg	12#	组		1.000	184.28	0.850	0.468	0.468

工作内容：整平路面，选配与吊散道岔及岔枕，散布与安装道岔配件和岔枕扣件，紧固扣件，整修等。

编号	项目			单位	预算基价 总价	人工费	材料费	机械费	人工 综合工	材料 可动心单开道岔 60kg 12#（混凝土枕）AT	单开道岔 60kg 9#（混凝土枕）AT
					元	元	元	元	工日	组	组
									135.00	248264.52	106130.00
4-121	60kg	9#		组	**149505.24**	15458.85	133281.96	764.43	114.51		1.000
4-122	60kg	12#	固定辙岔	组	**216021.79**	26928.45	188279.65	813.69	199.47		
4-123	60kg	12#	可动心辙岔	组	**304554.76**	26928.45	276812.62	813.69	199.47	1.000	

续前

编号	项目			单位	材料				机械		
					单开道岔 60kg 12#（混凝土枕）AT	混凝土岔枕 60kg 9#（单开道岔）	混凝土岔枕 60kg 12#（单开道岔）	零星材料费	门式起重机 10t	轨道车 210kW以内	轨道平车 30t
					组	组	组	元	台班	台班	台班
					159820.00	26938.00	28187.00		465.57	454.34	206.52
4-121	60kg	9#		组		1.003		133.15	0.918	0.510	0.510
4-122	60kg	12#	固定辙岔	组	1.000		1.003	188.09	0.950	0.562	0.562
4-123	60kg	12#	可动心辙岔	组			1.003	276.54	0.950	0.562	0.562

(2) 整 体 道 床

工作内容： 整平路面，选配与吊散道岔，道岔支撑架的安拆、倒运，散布与安装道岔配件和岔枕扣件，整修等。

编号	项目		单位	预算基价 总价	预算基价 人工费	预算基价 材料费	预算基价 机械费	人工 综合工	材料 单开道岔 60kg 9# (整体道床)	材料 单开道岔 60kg 12# (整体道床)
				元	元	元	元	工日	组	组
								135.00	106130.00	156709.00
4-124	60kg	9#	组	**153205.36**	18900.00	133437.27	868.09	140.00	1.000	
4-125	60kg	12#	组	**212863.91**	26460.00	185344.32	1059.59	196.00		1.000

续前

编号	项目		单位	材料					机械		
				混凝土岔枕 60kg 9# （单开道岔）	混凝土岔枕 60kg 12# （单开道岔）	道岔钢轨支撑架 9#	道岔钢轨支撑架 12#	零星材料费	门式起重机 10t	轨道车 210kW以内	轨道平车 30t
				组	组	组	组	元	台班	台班	台班
				26938.00	28187.00	7758.00	8930.00		465.57	454.34	206.52
4-124	60kg	9#	组	1.003		0.020		133.30	1.020	0.595	0.595
4-125	60kg	12#	组		1.003		0.020	185.16	1.190	0.765	0.765

10.复式交分道岔

工作内容：整平路面，选配与吊散道岔，道岔支撑架的安拆、倒运，散布与安装道岔配件和岔枕扣件，整修等。

编号	项目			单位	预算基价				人工	材料	
					总价	人工费	材料费	机械费	综合工	复式交分道岔 60kg 12# (可动心辙岔整体道床)	复式交分道岔 60kg 12# (固定辙岔整体道床)
					元	元	元	元	工日	组	组
									135.00	366028.00	301694.00
4-126	60kg	9#		组	**253765.59**	35100.00	217628.38	1037.21	260.00		
4-127	60kg	12#	固定辙岔	组	**373863.40**	42120.00	330474.30	1269.10	312.00		1.000
4-128	60kg	12#	可动心辙岔	组	**442473.74**	46332.00	394872.64	1269.10	343.20	1.000	

续前

编号	项目			单位	材料						机械		
					复式交分道岔 60kg 9#（整体道床）	混凝土岔枕 60kg 9#（复式交分）	混凝土岔枕 60kg 12#（复式交分）	道岔钢轨支撑架 9#	道岔钢轨支撑架 12#	零星材料费	门式起重机 10t	轨道车 210kW以内	轨道平车 30t
					组	组	组	组	组	元	台班	台班	台班
					190237.00	26938.00	28187.00	7758.00	8930.00		465.57	454.34	206.52
4-126	60kg	9#		组	1.000	1.003		0.020		217.41	1.220	0.710	0.710
4-127	60kg	12#	固定辙岔	组			1.003		0.020	330.14	1.420	0.920	0.920
4-128	60kg	12#	可动心辙岔	组			1.003		0.020	394.48	1.420	0.920	0.920

11.交 叉 渡 线

工作内容：整平路面，选配与吊散道岔，道岔支撑架的安拆、倒运，散布与安装道岔配件和岔枕扣件，整修等。

编号	项目		单位	预算基价 总价	人工费	材料费	机械费	人工 综合工	材料 交叉渡线 60kg 9# 间距5.0m	交叉渡线 60kg 12# 间距5.0m
				元	元	元	元	工日	组	组
								135.00	594579.00	743463.00
4-129	60kg	9#	组	**865575.74**	51960.15	812198.87	1416.72	384.89	1.000	
4-130	60kg	12#	组	**1025658.23**	60839.10	963402.41	1416.72	450.66		1.000

续前

编号	项目		单位	材料 混凝土岔枕 交叉渡线 60kg 9# 间距5.0m	混凝土岔枕 交叉渡线 60kg 12# 间距5.0m	零星材料费	机械 门式起重机 10t	轨道车 210kW以内	轨道平车 30t
				组	组	元	台班	台班	台班
				216160.00	218322.00		465.57	454.34	206.52
4-129	60kg	9#	组	1.003		811.39	1.063	1.063	2.125
4-130	60kg	12#	组		1.003	962.44	1.063	1.063	2.125

12.整 体 道 床

工作内容：1.混凝土：凿毛、清理、清理道床基底，混凝土浇筑、振捣、抹平、养护等。2.模板：制作、安装、刷油清理、拆除、堆放等。

编号	项目		单位	预算基价				人工	材料								机械			
				总价	人工费	材料费	机械费	综合工	预拌混凝土 AC30	组合钢模板	钢支撑	组合钢配件	圆钉	水	镀锌钢丝 0.7~0.9	零星材料费	混凝土输送泵车 $20m^3/h$	汽车式起重机 8t	载货汽车 4t	小型机具
				元	元	元	元	工日	m^3	kg	kg	kg	kg	m^3	kg	元	台班	台班	台班	元
								135.00	472.89	10.97	7.46	7.00	6.68	7.62	7.37		1086.79	767.15	417.41	
4-131	隧道内	预拌混凝土	$10m^3$	**5624.71**	508.95	4897.88	217.88	3.77	10.200					3.400		48.49	0.200			0.52
4-132	隧道内	模板	$10m^2$	**519.09**	317.25	175.31	26.53	2.35		10.018	3.320	3.030	2.450		0.180	1.74		0.015	0.036	

工作内容：1.混凝土：凿毛、清理、清理道床基底，混凝土浇筑、振捣、抹平、养护等。2.模板：制作、安装、刷油清理、拆除、堆放等。

编号	项目		单位	预算基价				人工	材料								机械			
				总价	人工费	材料费	机械费	综合工	预拌混凝土AC30	组合钢模板	钢支撑	组合钢配件	圆钉	水	镀锌钢丝0.7~0.9	零星材料费	混凝土输送泵车20m³/h	汽车式起重机8t	载货汽车4t	小型机具
				元	元	元	元	工日	m³	kg	kg	kg	kg	m³	kg	元	台班	台班	台班	元
								135.00	472.89	10.97	7.46	7.00	6.68	7.62	7.37		1086.79	767.15	417.41	
4-133	桥面	预拌混凝土	10m³	**5600.41**	484.65	4897.88	217.88	3.59	10.200					3.400		48.49	0.200			0.52
4-134	桥面	模板	10m²	**462.39**	260.55	175.31	26.53	1.93		10.018	3.320	3.030	2.450		0.180	1.74		0.015	0.036	

工作内容：1.混凝土：凿毛、清理、清理道床基底，混凝土浇筑、振捣、抹平、养护等。2.模板：制作、安装、刷油清理、拆除、堆放等。

编号	项目		单位	预算基价				人工	材料								机械			
				总价	人工费	材料费	机械费	综合工	预拌混凝土 AC30	组合钢模板	钢支撑	组合钢配件	圆钉	水	镀锌钢丝 0.7~0.9	零星材料费	混凝土输送泵车 $20m^3/h$	汽车式起重机 8t	载货汽车 4t	小型机具
				元	元	元	元	工日	m^3	kg	kg	kg	kg	m^3	kg	元	台班	台班	台班	元
								135.00	472.89	10.97	7.46	7.00	6.68	7.62	7.37		1086.79	767.15	417.41	
4-135	路基上	预拌混凝土	$10m^3$	**5578.81**	463.05	4897.88	217.88	3.43	10.200					3.400		48.49	0.200			0.52
4-136		模板	$10m^2$	**451.59**	249.75	175.31	26.53	1.85		10.018	3.320	3.030	2.450		0.180	1.74		0.015	0.036	

13.浮置板减振道床

工作内容：1.浮置板道床混凝土：凿毛、清理、清理道床基底，混凝土浇筑、振捣、抹平、养护等。2.浮置板道床模板：制作、安装、刷油清理、拆除、堆放等。

编号	项目		单位	预算基价				人工	材料		
				总价	人工费	材料费	机械费	综合工	预拌混凝土AC30	组合钢模板	钢支撑
				元	元	元	元	工日	m^3	kg	kg
								135.00	472.89	10.97	7.46
4-137	浮置板道床及承轨台	预拌混凝土	$10m^3$	**6506.92**	1026.00	4897.88	583.04	7.60	10.200		
4-138		模板	$10m^2$	**699.88**	492.75	177.67	29.46	3.65		10.018	3.320

续前

编号	项目		单位	材料					机械			
				组合钢配件	圆钉	水	镀锌钢丝 0.7～0.9	零星材料费	混凝土输送泵车 $20m^3/h$	汽车式起重机 8t	载货汽车 4t	小型机具
				kg	kg	m^3	kg	元	台班	台班	台班	元
				7.00	6.68	7.62	7.37		1086.79	767.15	417.41	
4-137	浮置板道床及承轨台	预拌混凝土	$10m^3$			3.400		48.49	0.536			0.52
4-138	浮置板道床及承轨台	模板	$10m^2$	3.030	2.800		0.180	1.76		0.015	0.043	

工作内容：浮置板现场预制及养护，浮置板顶升、就位浮置板道床、支撑块制作和安装、橡胶支座或弹簧减振器安装等。

编号	项目	单位	预算基价				人工	材料						
			总价	人工费	材料费	机械费	综合工	弹簧隔振器	橡胶支座	纵向支座	侧向支座	预拌混凝土 AC30	铁件含制作费	组合钢模板
			元	元	元	元	工日	套	个	个	块	m^3	kg	kg
							135.00					472.89	9.49	10.97
4-139	预制浮置板道床	$10m^3$	**8321.84**	2747.25	5127.87	446.72	20.35					10.100		16.100
4-140	安装浮置板道床	m	**1392.58**	853.20	368.41	170.97	6.32		(1.880)	(0.173)	(1.680)		6.180	
4-141	安装浮置板道床弹簧减振器	个	**1122.38**	810.00	312.38		6.00	(1.000)						

续前

编号	项目	单位	材料											机械	
			钢支撑	组合钢配件	环氧树脂6101	塑料布	圆钉	8U预埋栓	厚垫板	水	限位器	剪力铰	零星材料费	门式起重机10t	汽车式起重机16t
			kg	kg	kg	m^2	kg	个	个	m^3	个	个	元	台班	台班
			7.46	7.00	28.33	1.96	6.68	10.00	6.00	7.62	80.00	700.00		465.57	971.12
4-139	预制浮置板道床	$10m^3$	5.920	7.530			0.340			3.300			50.77		0.460
4-140	安装浮置板道床	m			7.482			5.413	6.670				3.65	0.119	0.119
4-141	安装浮置板道床弹簧减振器	个				2.700					0.300	0.400	3.09		

14.轨道加强设备及护轮轨

(1) 安装轨道加强设备

工作内容：螺栓涂油,安装轨距杆,调整轨距。

编号	项目			单位	预算基价			人工	材料				
					总价	人工费	材料费	综合工	绝缘轨距杆 ϕ32	绝缘轨距杆 ϕ34	绝缘轨距杆 ϕ36	绝缘轨距杆 ϕ38	零星材料费
					元	元	元	工日	根	根	根	根	元
								135.00	128.37	139.18	147.38	178.10	
4-142	轨距杆	绝缘	ϕ32	100根	**14279.53**	1404.00	12875.53	10.40	100.200				12.86
4-143	轨距杆	绝缘	ϕ34	100根	**15363.79**	1404.00	13959.79	10.40		100.200			13.95
4-144	轨距杆	绝缘	ϕ36	100根	**16186.25**	1404.00	14782.25	10.40			100.200		14.77
4-145	轨距杆	绝缘	ϕ38	100根	**19267.47**	1404.00	17863.47	10.40				100.200	17.85

工作内容：螺栓涂油，安装轨距杆，调整轨距。

编号	项目			单位	预算基价			人工	材料				
					总价	人工费	材料费	综合工	普通轨距杆 $\phi 32$	普通轨距杆 $\phi 34$	普通轨距杆 $\phi 36$	普通轨距杆 $\phi 38$	零星材料费
					元	元	元	工日	根	根	根	根	元
								135.00	143.86	164.41	178.10	219.21	
4-146	轨距杆	普通	$\phi 32$	100根	**15833.18**	1404.00	14429.18	10.40	100.200				14.41
4-147	轨距杆	普通	$\phi 34$	100根	**17894.35**	1404.00	16490.35	10.40		100.200			16.47
4-148	轨距杆	普通	$\phi 36$	100根	**19267.47**	1404.00	17863.47	10.40			100.200		17.85
4-149	轨距杆	普通	$\phi 38$	100根	**23390.80**	1404.00	21986.80	10.40				100.200	21.96

工作内容：扒开枕木间道碴、安装。

编号	项目			单位	预算基价			人工	材料				
					总价	人工费	材料费	综合工	垫木	防爬器 43kg	防爬器 50kg	防爬器 60kg	零星材料费
					元	元	元	工日	m^3	个	个	个	元
								135.00	1049.18	14.24	15.52	16.43	
4-150	防爬设备	防爬器（穿销式）	43kg	千个	**16621.01**	1351.35	15269.66	10.01	0.899	1005.000			15.25
4-151	防爬设备	防爬器（穿销式）	50kg	千个	**17908.70**	1351.35	16557.35	10.01	0.899		1005.000		16.54
4-152	防爬设备	防爬器（穿销式）	60kg	千个	**18824.17**	1351.35	17472.82	10.01	0.899			1005.000	17.46

工作内容：扒开枕木间道碴、安装。

编号	项目			单位	预算基价 总价	预算基价 人工费	预算基价 材料费	人工 综合工	材料 防爬支撑（木）	材料 防爬支撑（混凝土）	材料 零星材料费
					元	元	元	工日	个	个	元
								135.00	2.61	2.91	
4-153	防爬设备(防爬支撑)	木制	木枕	千个	**4717.74**	2079.00	2638.74	15.40	1010.000		2.64
4-154	防爬设备(防爬支撑)	木制	混凝土枕	千个	**5163.24**	2524.50	2638.74	18.70	1010.000		2.64
4-155	防爬设备(防爬支撑)	混凝土制	木枕	千个	**5439.54**	2497.50	2942.04	18.50		1010.000	2.94
4-156	防爬设备(防爬支撑)	混凝土制	混凝土枕	千个	**5885.04**	2943.00	2942.04	21.80		1010.000	2.94

(2) 钢轨伸缩调节器

工作内容： 检查轨料，木枕打印、钻孔、注油，散布钢轨伸缩调节器，安装配件及扣件，整修等。

编号	项目			单位	预算基价				人工	材料
					总价	人工费	材料费	机械费	综合工	道钉 16×16×165
					元	元	元	元	工日	个
									135.00	4.60
4-157	60kg 钢轨	伸缩量 1000mm	桥面	对	**34852.02**	3672.00	30687.43	492.59	27.20	66.700
4-158	60kg 钢轨	伸缩量 1000mm	桥头引线	对	**36622.88**	3280.50	32849.79	492.59	24.30	42.400

续前

编号	项目			单位	材料			机械	
					钢轨伸缩调节器	木枕 I类	零星材料费	轨道式内燃起重机 16t	轨道平车 30t
					对	根	元	台班	台班
						179.38		778.65	206.52
4-157	60kg 钢轨	伸缩量1000mm	桥面	对	1.000×30319.97		60.64	0.500	0.500
4-158	60kg 钢轨	伸缩量1000mm	桥头引线	对	1.000×28451.27	23.070	65.18	0.500	0.500

工作内容：检查轨料，木枕打印、钻孔、注油，散布钢轨伸缩调节器，安装配件及扣件，整修等。

编号	项目				单位	预算基价 总价	人工费	材料费	机械费	人工 综合工	材料 单向曲线型调节器（伸缩量±500）	双向曲线型调节器（伸缩量±500）
						元	元	元	元	工日	对	对
										135.00		
4-159	60kg 钢轨	伸缩量±500mm	单向曲线型	整体道床	对	**3362.18**	2808.00	61.59	492.59	20.80	(1.000)	
4-160	60kg 钢轨	伸缩量±500mm	双向曲线型	整体道床	对	**3693.97**	3132.00	69.38	492.59	23.20		(1.000)
4-161	60kg 钢轨	伸缩量±1000mm	双向曲线型	整体道床	对	**3699.47**	3132.00	74.88	492.59	23.20		

续前

编号	项目				单位	双向曲线型调节器(伸缩量±1000)	单向曲线型支撑块(伸缩量±500)	双向曲线型支撑块(伸缩量±500)	双向曲线型支撑块(伸缩量±1000)	零星材料费	轨道式内燃起重机 16t	轨道平车 30t
						材料					机械	
						对	组	组	对	元	台班	台班
											778.65	206.52
4-159	60kg 钢轨	伸缩量±500mm	单向曲线型	整体道床	对		(1.000)			61.59	0.500	0.500
4-160	60kg 钢轨	伸缩量±500mm	双向曲线型	整体道床	对			(1.000)		69.38	0.500	0.500
4-161	60kg 钢轨	伸缩量±1000mm	双向曲线型	整体道床	对	(1.000)			(1.000)	74.88	0.500	0.500

(3) 安装防脱护轨

工作内容： 散布钢轨，钻孔、注油，散布与安装钢轨配件和轨枕扣件，整修等。

编号	项目			单位	预算基价				人工	材料					
					总价	人工费	材料费	机械费	综合工	护轨	中间扣板 50kg	接头夹板 38kg	接头扣板 50kg	塑料垫板护轨	水泥 32.5级
					元	元	元	元	工日	t	块	块	块	块	kg
									135.00	3536.21	2.73	3.45	2.73	2.48	0.36
4-162	铺设护轮轨	混凝土枕	50kg	100单侧延长头	**26803.91**	1350.00	25302.58	151.33	10.00	5.155	321.000	16.015	32.095	1760.000	35.700

续前

编号	项目			单位	材料									机械		
					白石蜡	煤	接头螺栓带帽 50kg	螺旋道钉带螺帽	双层弹簧垫圈	弹簧垫圈 50kg	平垫圈 25×45×4	硫磺	零星材料费	轨道车 210kW以内	轨道平车 30t	铺轨龙门架
					kg	t	套	套	个	个	个	kg	元	台班	台班	台班
					8.55	527.83	4.84	2.60	0.28	0.93	0.39	1.88		454.34	206.52	724.47
4-162	铺设护轮轨	混凝土枕	50kg	100单侧延长头	2.700	0.045	48.500	355.500	359.050	48.500	359.050	71.550	50.50	0.043	0.340	0.085

15.线路有关工程

(1)线 路 标 志

工作内容：木模制作、安装、拆除，钢筋制作及绑扎，混凝土灌注、振捣及养护，标志涂油两遍及油漆写字，挖坑埋设等。

编号	项目	单位	预算基价 总价	预算基价 人工费	预算基价 材料费	预算基价 机械费	人工 综合工	材料 预拌混凝土AC30	材料 木模板	材料 原木	材料 钢筋D10以外	材料 水	材料 调和漆	材料 防腐帮桩	材料 零星材料费	机械 汽车式起重机8t	机械 木工圆锯机500mm	机械 木工压刨床600mm单面
			元	元	元	元	工日	m^3	m^3	m^3	kg	m^3	kg	根	元	台班	台班	台班
							135.00	472.89	1982.88	1686.44	3.80	7.62	14.11	54.08		767.15	26.53	32.70
4-163	轨道基标	100个	**48095.72**	13500.00	34390.19	205.53	100.00	10.000	2.490	0.185	156.000	46.590	5.400	420.000	674.32	0.240	0.610	0.160

(2) 车　　挡

工作内容：车挡制作、安装、埋设、涂油等。

编号	项目			单位	预算基价			人工	材料				
					总价	人工费	材料费	综合工	硬木板（方）	圆钢 Q235-A ϕ10～18	钢板 Q235-A δ=8～30	铸铁花纹板	废(旧)轨
					元	元	元	工日	m^3	kg	kg	t	t
								135.00	3783.00	3.92	3.90	4203.00	3103.00
4-164	车挡	弯轨式	甲式	处	**9926.06**	2446.20	7479.86	18.12	0.039	4.200	8.200	0.129	1.190
4-165	车挡	弯轨式	乙式	处	**6411.70**	1000.35	5411.35	7.41					0.845
4-166	车挡	CDKN型库内车挡		处	**14647.62**	1458.00	13189.62	10.80					
4-167	车挡	钢轨架车挡		处	**5320.32**	1147.50	4172.82	8.50					

续前

编号	项目			单位	材料										
					接头夹板 50kg	接头螺栓带帽 50kg	弹簧垫圈 50kg	铁垫板 50kg	道钉 16×16×165	普通轨距杆 ϕ32	木枕 Ⅱ类	六角头螺栓带帽 M12×(60～65)	CDKN型库内车挡	钢轨架车挡	零星材料费
					块	套	个	块	个	根	根	套	个	个	元
					3.65	4.84	0.93	23.10	4.60	143.86	160.00	1.20	12931.00	4091.00	
4-164	车挡	弯轨式	甲式	处	8.010	24.200	24.500	20.100	80.800	2.000	10.030	4.000			146.66
4-165	车挡	弯轨式	乙式	处	8.020	21.780	22.050	18.090	72.700	2.000	9.270	4.000			106.10
4-166	车挡	CDKN型库内车挡		处									1.000		258.62
4-167	车挡	钢轨架车挡		处										1.000	81.82

第五章　信　号　工　程

说　　明

一、本章包括信号机安装、道岔电动转辙机安装、轨道检测装置安装、室内设备安装、系统调试5节，共47条基价子目。

二、高柱、矮型透镜式色灯信号机安装按点灯监测单元方式编制，包括本身的安装固定与接线、内部器材的安装。

三、高柱信号机安装包括挖机柱坑，高柱信号机机柱坑深度按以下计列：机柱长度8.5m以下时，机柱埋深1.7m；机柱长度10m以上时，机柱埋深2.0m。

四、电动转辙机安装包括安装过程中的工、料、机消耗量，不包括安装装置及绝缘。

五、钢轨接续线、道岔跳线按焊接（焊药和模具）工艺编制。

六、组合柜包括组合，不包括继电器、变压器等，需要时另行计列。

七、室内柜等安装包括本架电线及架与架之间的电线，不包括架间电源环线。

工程量计算规则

一、高柱、矮型信号机及信号机托架以“架”计算。

二、重型单动道岔转辙装置安装(2个牵引点)、交分道岔转辙装置安装按“组”计算。

三、轨道电路按“区段”计算,环路电缆按长度计算。

四、钢轨接续线按长度计算。

五、控制台、应急台等按数量计算。

六、走线架以长度计算。

七、CTC、ATS、ATP、ATO机柜,轨道电路测试盘按数量计算。

八、站间联系电路调试以“处”计算。

1.信号机安装

(1)矮型信号机安装

工作内容：1.施工防护、安装固定、缠绕线环、套管打字、配线连接、测试调整、刷漆。2.安装、固定信号机托架。

编号	项目		单位	预算基价				人工	材料					
				总价	人工费	材料费	机械费	综合工	点灯监测单元	色灯信号机构二显示XSA矮型	色灯信号机构三显示XSA矮型	信号机托架	酚醛调和漆	六角带帽螺栓M10×50
				元	元	元	元	工日	台	台	台	个	kg	套
								135.00					10.67	0.52
5-1	矮型透镜式色灯信号机	二显示	架	**448.78**	282.15	166.08	0.55	2.09	(2.000)	(1.000)			0.500	2.020
5-2	矮型透镜式色灯信号机	三显示	架	**522.58**	340.20	181.46	0.92	2.52	(3.000)		(1.000)		0.600	2.020
5-3	信号机托架		架	**243.97**	168.75	56.00	19.22	1.25				(1.000)		

续前

编号	项目		单位	材料								机械	
				塑料铜芯软线 BVR 500V 1.5mm²	铁路信号灯泡 TX12-25/25A	信号配线软套管 $d6\times1$	线号机打字色带	信号锁	绝缘管及垫(一管二垫) $\phi14$	膨胀螺栓 M12×105	零星材料费	中英文线号机	汽油发电机组 1.5kW
				m	个	m	盘	把	套	套	元	台班	台班
				1.29	5.74	1.71	15.22	115.38	12.07	0.95		18.47	96.11
5-1	矮型透镜式色灯信号机	二显示	架	16.720	2.060	1.000	0.010	1.010			7.91	0.030	
5-2	矮型透镜式色灯信号机	三显示	架	22.000	3.090	1.500	0.010	1.010			8.64	0.050	
5-3	信号机托架		架						4.100	4.040	2.67		0.200

(2) 高柱信号机安装

工作内容： 1.施工防护、挖坑、立柱、安装卡盘、回填。2.安装、固定，缠绕线环，套管打字，配线连接，测试调整，刷漆。

编号	项目	单位	预算基价 总价	人工费	材料费	机械费	人工 综合工	材料 色灯信号机构 XSG高柱二显示	色灯信号机构 XSG高柱三显示	引导信号机构 XSY	点灯监测单元	色灯信号机镀锌梯子 8.5m	色灯信号机镀锌梯子 11m	色灯信号机引入管 高柱用(直)	钢筋混凝土信号机柱 φ150×11m	钢筋混凝土机柱 φ150×8.5m	机柱用镀锌梯子 8.5m	料 酚醛调和漆
			元	元	元	元	工日	台	台	台	台	架	架	根	根	根	架	kg
							135.00											10.67
5-4	高柱透镜式色灯信号机 二显示	架	1820.90	1116.45	319.95	384.50	8.27	(1.000)			(2.000)	(1.000)		(1.000)		(1.010)		1.600
5-5	高柱透镜式色灯信号机 三显示	架	1958.87	1206.90	367.47	384.50	8.94		(1.000)		(3.000)	(1.000)		(1.000)		(1.010)		1.700
5-6	高柱透镜式色灯信号机 四显示带引导	架	2674.67	1522.80	767.37	384.50	11.28	(2.000)		(1.000)	(5.000)		(1.000)	(1.000)	(1.010)			2.600
5-7	机柱（无线天线）	个	1247.98	746.55	82.67	418.76	5.53									(1.010)	(1.000)	

续前

编号	项目		单位	材料													机械		
				塑料彩条编织布	六角带帽螺栓 M10×50	塑料铜芯软线 BVR 500V 1.5mm²	铁路信号灯泡 TX12-25/25A	信号配线软套管 $d6\times1$	线号机打字色带	信号锁	预拌混凝土 AC15	圆钢 Q235-A φ6~9	圆钢 Q235-A φ10~18	镀锌钢丝 0.7~1.2	U形螺栓带帽 M22	零星材料费	汽车式起重机 8t	中英文线号机	电焊机 32kV·A
				m²	套	m	个	m	盘	把	m³	kg	kg	kg	kg	元	台班	台班	台班
				1.71	0.52	1.29	5.74	1.71	15.22	115.38	439.88	2.44	3.92	7.34	5.56		767.15	18.47	87.97
5-4	高柱透镜式色灯信号机	二显示	架	3.000	2.020	59.680	2.060	1.380	0.010	1.010	0.053	2.350	6.700	0.060	3.210	15.24	0.500	0.050	
5-5	高柱透镜式色灯信号机	三显示	架	3.000	2.020	88.800	3.090	1.800	0.010	1.010	0.053	2.350	6.700	0.060	3.210	17.50	0.500	0.050	
5-6	高柱透镜式色灯信号机	四显示带引导	架	3.000	2.020	185.440	5.150	2.790	0.010	3.030	0.053	2.350	6.700	0.060	3.210	36.54	0.500	0.050	
5-7	机柱（无线天线）		个	3.000							0.053	2.350	6.700	0.060	3.210	3.94	0.500		0.400

2.道岔电动转辙机安装

工作内容：1.施工防护、打眼、安装固定转辙机及其安装装置。2.安装外锁闭装置。3.缠绕线环、安装二极管、套管打字、配线连接、杆件加工装配、清扫、涂油刷漆、调整试验。

编号	项目	单位	预算基价				人工	材料			
			总价	人工费	材料费	机械费	综合工	酚醛调和漆	六角带帽螺栓 M10×50	镀锌蛇皮管 *DN*38	塑料铜芯软线 BVR 500V 1.5mm²
			元	元	元	元	工日	kg	套	m	m
							135.00	10.67	0.52	15.58	1.29
5-8	单动道岔转辙装置安装（1个牵引点）	组	**1730.88**	1456.65	254.27	19.96	10.79	1.000		1.000	33.200
5-9	重型单动道岔转辙装置安装（2个牵引点）	组	**3474.36**	2947.05	487.94	39.37	21.83	2.000	4.040	2.000	64.160
5-10	复式交分道岔转辙装置安装	组	**8052.39**	6987.60	984.95	79.84	51.76	4.000	8.080	4.000	132.800

续前

编号	项目	单位	材料							机械	
			信号配线软套管 $d6\times1$	线号机打字色带	蛇管接头	道岔电路用整流盒	信号锁	六角螺栓带帽 M10×5	零星材料费	汽油发电机组 1.5kW	中英文线号机
			m	盘	组	个	把	套	元	台班	台班
			1.71	15.22	36.78	17.24	115.38	0.16		96.11	18.47
5-8	单动道岔转辙装置安装（1个牵引点）	组	1.200	0.010	1.000	1.000	1.010	2.020	12.11	0.200	0.040
5-9	重型单动道岔转辙装置安装(2个牵引点)	组	1.560	0.010	2.000	1.000	2.020	4.040	23.24	0.400	0.050
5-10	复式交分道岔转辙装置安装	组	4.800	0.020	4.000	2.000	4.040	8.080	46.90	0.800	0.160

3.轨道检测装置安装

(1)轨 道 电 路

工作内容：施工防护，钢轨打眼，安装引接线和卡具、箱盒内部器材安装，缠绕线环，套管打字，配线连接，调整测试。

编号	项目		单位	预算基价 总价	人工费	材料费	机械费	人工 综合工	材料 焊药 185mm²	焊药 35mm²	焊接模具	阻燃双绞屏蔽电缆 2×7/0.67+7/0.3-2.5mm²	直流电化送电端电源变压器 BGD-A	直流电化受电端中继变压器 BZD-A	变阻器 (4.4/440)	塑料铜芯软线 BVR 500V 1.5mm²	信号配线软套管 d6×1
				元	元	元	元	工日	筒	筒	套	m	台	台	台	m	m
								135.00								1.29	1.71
5-11	50Hz相敏轨道电路	一送一受	区段	**574.85**	265.95	298.92	9.98	1.97					(1.000)	(1.000)	(2.000)	13.000	0.690
5-12	50Hz相敏轨道电路	一送二受	区段	**873.13**	402.30	455.67	15.16	2.98					(1.000)	(2.000)	(3.000)	24.880	1.080
5-13	无绝缘轨道电路安装		区段	**10035.76**	2083.05	7884.81	67.90	15.43	(4.040)	(4.040)	(0.200)	(80.000)					

编号	项目	单位	材料：线号机打字色带	材料：护套钢轨引接线 $\phi 1.2\times 19L=1600$	材料：护套钢轨引接线 $\phi 1.2\times 19L=3600$	材料：钢丝绳卡具 混凝土枕 通用	材料：钢筋 D10以外	材料：信号锁	材料：调谐单元托架	材料：铜套 35mm²	材料：冷压接线环 35mm²	材料：终端棒 925/0.5 185mm²	材料：钢轨连接线 276/0.4 35mm²	材料：S棒固定卡子	材料：零星材料费	机械：汽油发电机组 1.5kW	机械：中英文线号机	机械：仪器仪表使用费
			盘	根	根	套	kg	把	个	个	个	m	m	个	元	台班	台班	元
			15.22	50.34	75.97	11.44	3.80	115.38	300.48	17.00	9.94	416.63	27.36	1.34		96.11	18.47	
5-11	50Hz相敏轨道电路 一送一受	区段	0.010	2.020	2.020	1.000									14.23	0.100	0.020	
5-12	50Hz相敏轨道电路 一送二受	区段	0.010	3.030	3.030	1.500									21.70	0.150	0.040	
5-13	无绝缘轨道电路安装	区段					4.300	2.020	2.000	4.040	4.040	15.000	10.500	10.000	375.47	0.600	0.040	9.50

(2) 传输环路电缆

工作内容：施工防护，敷设环路电缆，环线安装固定，电缆做头接线、导通测试。

编号	项目	单位	预算基价				人工	材料										机械
			总价	人工费	材料费	机械费	综合工	馈电单元LFU	电阻盒RB	接线盒	电缆卡	匹配单元MU	尼龙线扣	接线盒托架	馈电单元托架	单芯电缆7/0.85 $4mm^2$	零星材料费	仪器仪表使用费
			元	元	元	元	工日	个	个	个	个	台	个	个	个	m	元	元
							135.00						0.09	35.30	49.06	3.52		
5-14	列车识别环路	个	**2071.21**	1946.70	124.39	0.12	14.42	(1.000)	(1.000)	(1.000)	(20.000)	(1.000)	20.000	1.000	1.000	9.180	5.92	0.12
5-15	检修、测试环路	个	**2368.41**	2160.00	208.29	0.12	16.00	(1.000)	(1.000)	(1.000)	(70.000)	(1.000)	70.000	1.000	1.000	30.600	9.92	0.12
5-16	列车自动运行(ATO)环路	个	**2638.41**	2430.00	208.29	0.12	18.00	(1.000)	(1.000)	(1.000)	(70.000)	(1.000)	70.000	1.000	1.000	30.600	9.92	0.12

(3)轨 道 绝 缘

工作内容： 1.钢轨接头绝缘：施工防护，拆除钢轨接头原有的铁件，安装钢轨接头新的铁件和绝缘件。2.道岔连接杆绝缘：施工防护，拆下原有的连接杆，加装绝缘件后再安上。

编号	项目	单位	预算基价			人工	材料												料
			总价	人工费	材料费	综合工	接头夹板 50kg	接头夹板 60kg	接头螺栓带帽 50kg	高强度接头螺栓带帽 60kg	弹簧垫圈 50kg	弹簧垫圈 60kg	平垫圈 25×50×6	钢轨绝缘 50kg	钢轨绝缘 60kg	高强度钢轨绝缘 50kg	高强度钢轨绝缘 60kg	道岔连接杆绝缘	零星材料费
			元	元	元	工日	块	块	套	套	个	个	个	组	组	组	组	组	元
						135.00	3.65	4.02	4.84	5.53	0.93	0.95	1.44	175.09	218.12	206.09	230.62	151.40	
5-17	50kg 普通型轨道绝缘	对	**695.12**	202.50	492.62	1.50	4.000		12.120		12.000		24.000	2.000					23.46
5-18	50kg 加强型轨道绝缘	对	**760.22**	202.50	557.72	1.50	4.000		12.120		12.000		24.000			2.000			26.56
5-19	60kg 普通型轨道绝缘	对	**796.07**	202.50	593.57	1.50		4.000		12.120		12.000	24.000		2.000				28.27
5-20	60kg 加强型轨道绝缘	对	**822.32**	202.50	619.82	1.50		4.000		12.120		12.000	24.000				2.000		29.52
5-21	道岔绝缘	组	**361.47**	202.50	158.97	1.50												1.000	7.57

(4) 钢轨接续线及连接线

工作内容： 施工防护，检查机具，清洁焊接部位，焊接接续线、道岔跳线、回流线、连接线等。

编号	项目		单位	预算基价				人工	材料				
				总价	人工费	材料费	机械费	综合工	焊药	焊接模机具	道岔连接线 TXP95mm² 0.9m	道岔连接线 TXP95mm² 1.3m	道岔连接线 TXP95mm² 2.0m
				元	元	元	元	工日	管	套	根	根	根
								135.00					
5-22	钢轨接续线		km	**23742.47**	10100.70	10879.47	2762.30	74.82	(336.000)	(8.400)			
5-23	道岔跳线	单动	组	**937.36**	607.50	291.42	38.44	4.50	(58.800)	(1.470)	(6.300)	(10.500)	
5-24	道岔跳线	复式交分	组	**1604.71**	945.00	582.82	76.89	7.00	(130.200)	(3.260)	(10.500)	(21.000)	(8.400)
5-25	轨道电路极性交叉跳线		组	**87.23**	67.50	14.92	4.81	0.50	(4.200)	(0.100)			

编号	项目		单位	材料						机械		
				道岔连接线 TXP95mm² 1.5m	护套道岔跳线 φ1.2×19 L=3000	钢轨接续线 TXR95mm² 1.3m	钢轨接续线 TXR95mm² 1.5m	钢轨接续线 TXR95mm² 3.0m	零星材料费	汽油发电机组 1.5kW	汽油发电机组 10kW	钢轨接续线电弧钎焊机组
				根	根	根	根	根	元	台班	台班	台班
						57.27	66.08	132.16		96.11	170.14	693.08
5-22	钢轨接续线		km			84.000	84.000		518.07		3.200	3.200
5-23	道岔跳线	单动	组	(10.500)				2.100	13.88	0.400		
5-24	道岔跳线	复式交分	组	(21.000)				4.200	27.75	0.800		
5-25	轨道电路极性交叉跳线		组		(2.100)				14.92	0.050		

4.室内设备安装

(1)控制台安装

工作内容： 技术准备,搬运,开箱检验,安装、固定,缠绕线环,套管打字,配线连接,导通测试,接地连接。

编号	项目		单位	预算基价				人工	材料					
				总价	人工费	材料费	机械费	综合工	阻燃线	接地电缆 6mm²	室内接地用网状扁平铜线 10mm²	聚氯乙烯单丝	镀锌六角带帽螺栓 M10×120	螺栓带帽 M12×200
				元	元	元	元	工日	m	m	m	kg	套	套
								135.00				13.15	1.06	2.62
5-26	计算机控制单元控制台安装	40块以内	台	**2597.12**	2478.60	107.24	11.28	18.36	(40.000)	(20.000)	(1.800)	0.500	3.030	4.040
5-27	计算机控制单元控制台安装	70块以内	台	**4101.23**	3870.45	217.51	13.27	28.67	(50.000)	(20.000)	(1.800)	0.700	7.070	8.080
5-28	计算机控制单元控制台安装	100块以内	台	**4810.31**	4521.15	272.30	16.86	33.49	(60.000)	(20.000)	(1.800)	0.800	9.090	8.080
5-29	计算机控制单元控制台安装	100块以外	台	**6142.18**	5819.85	301.06	21.27	43.11	(80.000)	(20.000)	(1.800)	1.000	11.110	8.080
5-30	应急台安装		台	**907.48**	810.00	97.11	0.37	6.00	(2000.000)	(10.000)	(1.800)	0.500		6.060

续前

编号	项目		单位	材料										机械	
				焊锡	焊锡丝	塑料铜芯软线 BVR 500V 1.5mm^2	冷压端子 φ6孔	冷压端子 φ8孔	信号配线软套管 $d6\times1$	线号机打字色带	板枋材	尼龙线扣	零星材料费	中英文线号机	仪器仪表使用费
				kg	kg	m	个	个	m	盘	m^3	个	元	台班	元
				59.85	60.79	1.29	1.71	1.71	1.71	15.22	2001.17	0.09		18.47	
5-26	计算机控制单元控制台安装	40块以内	台	0.200	0.300	1.680	2.000	9.000	6.000	0.020	0.010		5.11	0.020	10.91
5-27	计算机控制单元控制台安装	70块以内	台	0.400	0.300	4.730	2.000	33.000	12.000	0.040	0.020		10.36	0.040	12.53
5-28	计算机控制单元控制台安装	100块以内	台	0.500	0.500	4.730	2.000	33.000	18.000	0.060	0.030		12.97	0.060	15.75
5-29	计算机控制单元控制台安装	100块以外	台	0.600	0.600	4.730	2.000	33.000	24.000	0.080	0.030		14.34	0.080	19.79
5-30	应急台安装		台		0.700		2.000		6.000	0.020		150.000	4.62	0.020	

（2）各种盘、架、柜安装

工作内容： 技术准备，搬运，焊接，制作底座，盘架和端子安装、固定，电缆引入固定，扒皮做头，缠绕线环，套管打字，配线连接，导通测试，填写铭牌，绑扎清理，接地连接。

编号	项目		单位	预算基价				人工	材料					
				总价	人工费	材料费	机械费	综合工	接地电缆 6mm²	室内接地用网状扁平铜线 10mm²	大站组合架	六柱端子分线柜	十八柱端子分线柜	配线用电缆芯线托环
				元	元	元	元	工日	m	m	台	架	架	个
								135.00						
5-31	分线柜	六柱端子	架	**3716.43**	3265.65	388.62	62.16	24.19	(1.000)	(1.800)		(1.000)		(446.000)
5-32	分线柜	十八柱端子	架	**5271.90**	4514.40	690.72	66.78	33.44	(1.000)	(1.800)			(1.000)	(1188.000)
5-33	组合架		架	**3678.97**	3337.20	327.36	14.41	24.72	(1.000)	(1.200)	(1.000)			(1600.000)
5-34	组合柜		架	**3952.94**	3564.00	325.12	63.82	26.40	(1.000)	(1.200)				(1800.000)
5-35	组合柜（回拉式弹簧端子）		架	**3436.65**	3142.80	230.03	63.82	23.28	(1.000)	(1.200)				(1800.000)
5-36	走线架		m	**138.28**	121.50	16.78		0.90		(0.600)				

编号	项目		单位	材									
				阻燃铜芯塑料软线500V 1.5mm²	阻燃铜芯塑料软线500V 4mm²	阻燃铜芯塑料软线6mm²	走线架	组合架侧面配线槽道50×35	新型组合柜(加宽)	回拉式弹簧端子组合柜	室内继电器铭牌	室内组合铭牌	镀锌角钢5mm厚
				m	m	m	m	m	台	架	个	个	kg
													3.98
5-31	分线柜	六柱端子	架										32.570
5-32	分线柜	十八柱端子	架										32.570
5-33	组合架		架	(70.000)	(29.000)	(13.000)		(2.000)			(200.000)	(10.000)	32.570
5-34	组合柜		架	(70.000)	(29.000)	(13.000)			(1.000)		(200.000)	(10.000)	32.570
5-35	组合柜(回拉式弹簧端子)		架	(70.000)	(29.000)	(13.000)				(1.000)	(200.000)	(10.000)	32.570
5-36	走线架		m				(1.000)						3.770

料															机械		
聚氯乙烯单丝	镀锌六角带帽螺栓M10×100	电焊条	焊锡丝	冷压端子ϕ6孔	分线盘端子配线铭牌	信号配线软套管$d6\times1$	线号机打字色带	膨胀螺栓M12×105	板枋材	胶合板5mm厚	酚醛调和漆	六角带帽螺栓M10×100	焊锡	零星材料费	电焊机32kV·A	中英文线号机	仪器仪表使用费
kg	套	kg	kg	个	个	m	盘	套	m^3	m^2	kg	套	kg	元	台班	台班	元
13.15	1.02	7.59	60.79	1.71	0.37	1.71	15.22	0.95	2001.17	30.54	10.67	0.87	59.85		87.97	18.47	
0.250	4.040	1.000			446.000	20.790	0.070	4.040	0.010					18.51	0.500	0.690	5.43
0.250	4.040	1.000			1188.000	28.230	0.100	4.040	0.010					32.89	0.500	0.940	5.43
0.100		1.000	0.800			23.000	0.080	4.040		1.000	0.400	4.040	0.700	15.59		0.780	
0.100		1.000	0.800			23.000	0.080	4.040		1.000	0.200	4.040	0.700	15.48	0.500	0.780	5.43
		1.000		2.000		23.000	0.080	4.040		1.000		4.040		10.95	0.500	0.780	5.43
								0.100				1.010		0.80			

工作内容：技术准备，搬运，焊接，制作底座，盘架和端子安装、固定，电缆引入固定，扒皮做头，缠绕线环，套管打字，配线连接，导通测试，填写铭牌，绑扎

编号	项目	单位	预算基价				人工	材					
			总价	人工费	材料费	机械费	综合工	阻燃铜芯塑料软线 500V 0.75mm²	阻燃铜芯塑料软线 500V 1.5mm²	阻燃铜芯塑料软线 2.5mm²	阻燃线	接地电缆 6mm²	室内接地用网状扁平铜线 10mm²
号		位	元	元	元	元	工日	m	m	m	m	m	m
							135.00						
5-37	CTC 总机柜安装	台	**11569.54**	9787.50	1724.27	57.77	72.50		(140.000)			(4.800)	(12.000)
5-38	CTC 分机柜安装	台	**3273.03**	2767.50	448.96	56.57	20.50				(500.000)	(1.200)	(1.200)
5-39	ATS 总机柜安装	台	**12582.04**	10800.00	1724.27	57.77	80.00		(140.000)			(4.800)	(12.000)
5-40	ATS 分机柜安装	台	**3543.03**	3037.50	448.96	56.57	22.50				(500.000)	(1.200)	(1.200)
5-41	ATP 机柜安装	台	**6308.54**	6075.00	175.96	57.58	45.00	(150.000)	(15.000)	(50.000)		(3.000)	(1.200)
5-42	ATO 机柜安装	台	**4525.97**	4050.00	419.40	56.57	30.00				(200.000)	(3.000)	(1.200)

清理，接地连接。

料																	机械		
网线-超五类线	阻燃屏蔽线 $2\times0.3mm^2$	阻燃信号电缆 500V30芯	阻燃信号软电缆 250V3芯	阻燃线 $250V4mm^2$	镀锌角钢 5mm厚	六角带帽螺栓 M10×100	电焊条	焊锡丝	插头 DB-25	插头 DB-9	插座板 30位	冷压端子 ϕ6孔	尼龙线扣	膨胀螺栓 M12×105	线号机打字色带	零星材料费	电焊机 32kV·A	中英文线号机	仪器仪表使用费
m	m	m	m	m	kg	套	kg	kg	副	副	个	个	个	套	盘	元	台班	台班	元
					3.98	0.87	7.59	60.79	42.07	27.92	171.60	1.71	0.09	0.95	15.22		87.97	18.47	
(200.000)	(100.000)	(100.000)	(80.000)	(100.000)	35.000	4.040	1.000	1.000	20.200	20.200		2.000	100.000	4.040	0.060	82.11	0.500	0.500	4.55
(60.000)	(50.000)	(50.000)	(40.000)	(50.000)	35.000	4.040	1.000	1.500			1.010	2.000	50.000	4.040	0.060	21.38	0.500	0.500	3.35
(200.000)	(100.000)	(100.000)	(80.000)	(100.000)	35.000	4.040	1.000	1.000	20.200	20.200		2.000	100.000	4.040	0.060	82.11	0.500	0.500	4.55
(60.000)	(50.000)	(50.000)	(40.000)	(50.000)	35.000	4.040	1.000	1.500			1.010	2.000	50.000	4.040	0.060	21.38	0.500	0.500	3.35
(60.000)					35.000	4.040	1.000					2.000	100.000	4.040	0.060	8.38	0.500	0.200	9.90
(100.000)	(50.000)	(50.000)	(40.000)	(50.000)	35.000	4.040	1.000	1.000			1.010	2.000	75.000	4.040	0.060	19.97	0.500	0.500	3.35

工作内容：电缆引入固定，扒皮做头，缠绕线环，套管打字，配线连接，导通测试，填写铭牌，绑扎清理，接地连接。

编号	项目		单位	预算基价				人工	材料						机械
				总价	人工费	材料费	机械费	综合工	阻燃线	室内组合铭牌	焊锡丝	信号配线软套管 d6×1	线号机打字色带	零星材料费	中英文线号机
				元	元	元	元	工日	m	个	kg	m	盘	元	台班
								135.00			60.79	1.71	15.22		18.47
5-43	轨道电路测试盘安装	PG-26	台	**330.66**	310.50	18.31	1.85	2.30	(900.000)	(1.000)	0.200	3.000	0.010	0.87	0.100
5-44	轨道电路测试盘安装	PG-48	台	**507.95**	469.80	34.83	3.32	3.48	(1500.000)	(1.000)	0.400	5.000	0.020	1.66	0.180

(3) 其 他 设 备

工作内容：开箱检验，安装固定，套管打字，配线焊接，导通测试。

编号	项目		单位	预算基价 总价	人工费	材料费	机械费	人工 综合工	材料 阻燃线	圆柱头螺钉 M4×20	焊锡丝	兆欧表 500V/1000MΩ	插座板 30位	信号配线软套管 $d6\times1$	线号机打字色带	零星材料费	机械 中英文线号机
				元	元	元	元	工日	m	kg	kg	台	个	m	盘	元	台班
								135.00		10.43	60.79	588.40	171.60	1.71	15.22		18.47
5-45	电缆绝缘测试装置	组合式	台	**3611.41**	580.50	3022.60	8.31	4.30	(430.000)		0.600	1.000	13.000	13.000	0.050	143.93	0.450
5-46		端子排式	10块	**2210.50**	344.25	1859.79	6.46	2.55	(450.000)	0.100	0.600		10.000	10.000	0.040	88.56	0.350

5.系统调试

工作内容：对站间联系进行功能试验。

编号	项目	单位	预算基价			人工	机械
			总价	人工费	机械费	综合工	仪器仪表使用费
			元	元	元	工日	元
						135.00	
5-47	站间联系电路调试	处	**408.00**	405.00	3.00	3.00	3.00

第六章　人 防 工 程

说　　明

一、本章包括人防门、人防设备运输2节,共22条基价子目。

二、人防门工作内容包括门框和门扇安装调试、闭锁装置安装调试及总体检测验收。

三、人防门项目包括单扇平板和拱形手动立转门安装,双扇平板和拱形手动立转门安装,门框、门扇拼装。

四、本章不包括人防设备油漆。

工程量计算规则

一、单扇及双扇手动立转门、排水沟阀板装置均以“樘”计算。

二、门框拼装以“套”计算。

三、门扇拼装以“扇”计算。

四、人防防护设备垂直及洞内水平运输以整樘防护设备的总质量计算。

五、人防设备洞内水平运输每增50m项目，增运距不足50m的以50m计算。

1.人 防 门

(1)单扇平板手动立转门安装

工作内容：门框、门扇安装，调试，闭锁装置安装调试，总体检测，验收。

编号	项目	单位	预算基价				人工	材料				
			总价	人工费	材料费	机械费	综合工	电焊条	氧气 6m³	乙炔气	型钢	精调用斜垫铁
			元	元	元	元	工日	kg	m^3	kg	kg	kg
							135.00	7.59	2.88	14.66	3.70	6.34
6-1	5t 以下	樘	**43432.78**	29425.95	11582.70	2424.13	217.97	48.780	22.330	10.860	1399.780	22.120
6-2	5～10t	樘	**53133.22**	36477.00	13740.15	2916.07	270.20	58.580	25.470	12.730	1617.880	24.360
6-3	10～15t	樘	**63574.40**	42997.50	17355.52	3221.38	318.50	67.040	28.080	14.040	2195.690	26.560
6-4	15t 以上	樘	**79742.18**	56970.00	19276.11	3496.07	422.00	69.970	30.060	15.380	2341.990	28.000

续前

编号	项目	单位	材料							机械			
			膨胀螺栓30	自制兰花螺母	钢板10.0～12.0	工字钢（综合）	橡胶板3mm	垫板	零星材料费	交流电焊机21kV•A	气割设备	手电动葫芦	仪器仪表使用费
			套	套	kg	kg	kg	kg	元	台班	台班	台班	元
			5.67	3.77	3.67	3.61	11.26	3.72		60.37	88.45	41.02	
6-1	5t 以下	樘	43.870	7.700	310.360	1111.530	5.210	33.280	57.63	15.010	4.000	27.400	40.23
6-2	5～10t	樘	46.960	7.960	322.580	1425.650	5.790	36.200	68.36	15.690	5.470	35.000	49.34
6-3	10～15t	樘	50.340	8.120	334.890	1778.180	6.320	39.170	86.35	20.130	5.930	34.630	61.10
6-4	15t 以上	樘	56.000	8.400	350.000	2108.710	7.000	45.500	95.90	24.500	6.000	35.000	50.60

(2) 单扇拱形手动立转门安装

工作内容： 门框、门扇安装，调试，闭锁装置安装调试，总体检测，验收。

编号	项目	单位	预算基价				人工	材料							
			总价	人工费	材料费	机械费	综合工	电焊条	氧气 6m³	乙炔气	型钢	热轧工字钢 18#～24#	热轧工字钢 25#～36#	热轧工字钢 37#～40#	钢板 10.0～12.0
			元	元	元	元	工日	kg	m³	kg	kg	t	t	t	kg
							135.00	7.59	2.88	14.66	3.70	3634.57	3616.33	3593.46	3.67
6-5	5t 以下	樘	**41038.74**	29659.50	8914.36	2464.88	219.70	47.000	31.000	13.000	1104.300	0.425	0.254		96.000
6-6	5～10t	樘	**50445.55**	36767.25	10625.26	3053.04	272.35	56.000	40.000	15.000	1288.950	0.423		0.402	120.000
6-7	10～15t	樘	**60458.83**	43942.50	13175.95	3340.38	325.50	72.000	44.000	17.000	1473.080	0.105	0.482	0.707	120.000
6-8	15t 以上	樘	**76197.73**	57442.50	15029.97	3725.26	425.50	76.000	52.000	20.500	1767.700	0.105	0.482	0.783	144.000

编号	项目	单位	材料					机械							
			工字钢（综合）	垫板	砂轮片	棉纱	零星材料费	交流电焊机 21kV•A	电焊条烘干箱 45cm×35cm×45cm	气割设备	手电动葫芦	砂轮切割机	千斤顶	仪器仪表使用费	小型机具
			kg	kg	片	kg	元	台班	台班	台班	台班	台班	台班	元	元
			3.61	3.72	5.80	16.11		60.37	17.33	88.45	41.02	66.65	10.21		
6-5	5t 以下	樘	320.000	12.000	20.000	1.000	44.35	14.000	4.000	5.000	20.000	3.000	3.000	25.30	31.85
6-6	5～10t	樘	400.000	12.000	20.000	1.000	52.86	18.000	5.000	5.000	26.000	4.000	4.000	25.30	38.22
6-7	10～15t	樘	400.000	15.000	20.000	1.000	65.55	20.000	5.000	5.000	29.000	4.500	5.000	25.30	38.22
6-8	15t 以上	樘	480.000	15.000	20.000	1.000	74.78	23.000	5.000	5.000	33.000	5.000	5.000	25.30	44.59

(3) 双扇平板手动立转门安装

工作内容：门框、门扇安装，调试，闭锁装置安装调试，总体检测，验收。

编号	项目	单位	预算基价				人工	材料						
			总价	人工费	材料费	机械费	综合工	电焊条	氧气 6m³	乙炔气	型钢	钢板 10.0～12.0	螺纹钢 锰D14～32	垫板
			元	元	元	元	工日	kg	m^3	kg	kg	kg	t	kg
							135.00	7.59	2.88	14.66	3.70	3.67	3719.82	3.72
6-9	5t 以下	樘	**34620.76**	30456.00	3162.46	1002.30	225.60	11.500	10.000	5.000	439.490	128.000	0.193	10.000
6-10	5～10t	樘	**41084.43**	35572.50	4327.71	1184.22	263.50	13.000	12.000	6.000	736.540	128.000	0.193	13.000
6-11	10～15t	樘	**47081.83**	38542.50	7307.13	1232.20	285.50	24.500	20.000	8.000	1252.120	192.000	0.333	40.000
6-12	15t 以上	樘	**57933.99**	45832.50	10182.95	1918.54	339.50	41.000	30.000	14.000	1657.220	307.200	0.466	70.000

编号	项目	单位	材料				机械								
			砂轮片	棉纱	C401胶	零星材料费	交流电焊机21kV·A	电焊条烘干箱45cm×35cm×45cm	砂轮切割机	手电动葫芦	冲击钻机22型(电动)	气割设备	千斤顶	仪器仪表使用费	小型机具
			片	kg	kg	元	台班	台班	台班	台班	台班	台班	台班	元	元
			5.80	16.11	9.05		60.37	17.33	66.65	41.02	164.85	88.45	10.21		
6-9	5t 以下	樘	12.000	2.000	0.500	15.73	3.500	2.000	3.000	3.000	1.000	2.000	4.000	31.63	19.11
6-10	5～10t	樘	15.000	2.000	0.500	21.53	3.500	2.000	3.000	7.000	1.000	2.000	4.500	31.63	31.85
6-11	10～15t	樘	20.000	4.000	0.500	36.35	4.000	2.000	3.000	7.000	1.000	2.000	5.000	37.95	38.22
6-12	15t 以上	樘	35.000	4.000	1.000	50.66	7.000	4.000	5.000	12.000	1.500	2.000	8.000	37.95	57.33

(4) 双扇拱形手动立转门安装

工作内容：门框、门扇安装，调试，闭锁装置安装调试，总体检测，验收。

编号	项目	单位	预算基价				人工	材料							
			总价	人工费	材料费	机械费	综合工	电焊条	氧气 6m³	乙炔气	钢管	热轧工字钢 18#～24#	热轧工字钢 25#～36#	热轧工字钢 37#～40#	钢板 10.0～12.0
			元	元	元	元	工日	kg	m³	kg	kg	t	t	t	kg
							135.00	7.59	2.88	14.66	3.81	3634.57	3616.33	3593.46	3.67
6-13	5t 以下	樘	**41830.19**	30712.50	9038.40	2079.29	227.50	47.000	31.000	13.000	1104.810	0.425	0.254		96.000
6-14	5～10t	樘	**49715.24**	35910.00	11441.13	2364.11	266.00	62.000	37.000	15.000	1473.080	0.513	0.287		120.000
6-15	10～15t	樘	**52766.27**	38812.50	11456.39	2497.38	287.50	64.000	37.000	15.000	1473.080	0.513	0.287		120.000
6-16	15t 以上	樘	**62046.13**	46237.50	13260.02	2548.61	342.50	81.000	43.000	19.000	1473.080	0.104	0.560	0.462	144.000

编号	项目	单位	材料					机械							
			工字钢（综合）	垫板	砂轮片	棉纱	零星材料费	交流电焊机21kV•A	电焊条烘干箱45cm×35cm×45cm	气割设备	手电动葫芦	砂轮切割机	千斤顶	仪器仪表使用费	小型机具
			kg	kg	片	kg	元	台班	台班	台班	台班	台班	台班	元	元
			3.61	3.72	5.80	16.11		60.37	17.33	88.45	41.02	66.65	10.21		
6-13	5t 以下	樘	320.000	12.000	20.000	1.000	44.97	10.000	3.000	5.000	19.000	2.000	3.000	25.30	12.74
6-14	5～10t	樘	400.000	15.000	20.000	1.000	56.92	12.000	3.000	5.000	23.000	2.000	3.000	25.30	12.74
6-15	10～15t	樘	400.000	15.000	20.000	1.000	57.00	12.000	3.000	5.000	26.000	2.000	4.000	25.30	12.74
6-16	15t 以上	樘	480.000	19.000	25.000	1.500	65.97	12.000	3.000	5.000	27.000	2.000	5.000	25.30	12.74

(5) 门框、门扇拼装

工作内容： 1.安装前作业空间清理，门框包装拆除，左右门框安装，支护，上门框安装，门框形位调试，固定。2.安装前作业空间清理，门框包装拆除，清理，制作简易拼装支架平台，上下门扇拼装。

编号	项目	单位	预算基价				人工	材料				
			总价	人工费	材料费	机械费	综合工	电焊条	氧气 6m³	乙炔气	型钢	精调用斜垫铁
			元	元	元	元	工日	kg	m^3	kg	kg	kg
							135.00	7.59	2.88	14.66	3.70	6.34
6-17	门框拼装	套	**25647.32**	17077.50	7464.28	1105.54	126.50	32.310	13.280	6.470	926.250	13.210
6-18	门扇拼装	扇	**12219.42**	9180.00	2366.89	672.53	68.00	11.200	4.310	2.150	313.640	4.210

续前

编号	项目	单位	材料							机械			
			膨胀螺栓 30	自制兰花螺母	钢板 10.0～12.0	工字钢（综合）	垫板	橡胶板 3mm	零星材料费	交流电焊机 21kV•A	气割设备	手电动葫芦	仪器仪表使用费
			套	套	kg	kg	kg	kg	元	台班	台班	台班	元
			5.67	3.77	3.67	3.61	3.72	11.26		60.37	88.45	41.02	
6-17	门框拼装	套	22.850	3.450	191.360	718.400	18.100	2.87	37.14	5.060	1.520	15.610	25.30
6-18	门扇拼装	扇	7.850	1.320	68.410	190.220	6.500	2.45	11.78	1.250	1.060	12.270	

(6) 排水沟阀板安装

工作内容：现场清理，就位，支护，固定；打筑前防锈处理，隐检，检验，配合浇筑，配合验收。

编号	项目	单位	预算基价				人工	材料				
			总价	人工费	材料费	机械费	综合工	电焊条	膨胀螺栓 M8×100	型钢	垫板	工字钢（综合）
			元	元	元	元	工日	kg	套	kg	kg	kg
							135.00	7.59	0.70	3.70	3.72	3.61
6-19	排水沟阀板安装	樘	**3476.79**	2295.00	979.30	202.49	17.00	10.000	20.000	70.000	8.000	61.000

续前

编号	项目	单位	材料							机械			
			钢板 10.0～12.0	精调用斜垫铁	自制兰花螺母	橡胶板 3mm	氧气 6m³	乙炔气	零星材料费	交流电焊机 21kV·A	气割设备	手电动葫芦	仪器仪表使用费
			kg	kg	套	kg	m³	kg	元	台班	台班	台班	元
			3.67	6.34	3.77	11.26	2.88	14.66		60.37	88.45	41.02	
6-19	排水沟阀板安装	樘	28.000	20.000	4.000	8.000	4.000	2.000	4.87	1.000	1.000	1.000	12.65

2.人防设备运输

工作内容：1.竖井障碍拆除，设备垂直运输（包括门框、门扇、其他专用件的运输）。2.设备水平运输（包括门框、门扇、其他专用件的运输）。

编号	项目		单位	预算基价 总价	预算基价 人工费	预算基价 材料费	预算基价 机械费	人工 综合工	材料 电焊条	材料 氧气6m³	材料 乙炔气	材料 型钢	材料 垫木	材料 钢丝绳	材料 橡胶垫	机械 交流电焊机21kV·A	机械 汽车式起重机20t	机械 卷扬机电动单筒慢速30kN	机械 气割设备	机械 手电动葫芦
				元	元	元	元	工日	kg	m³	kg	kg	m³	kg	个	台班	台班	台班	台班	台班
								135.00	7.59	2.88	14.66	3.70	1049.18	6.67	7.26	60.37	1043.80	205.84	88.45	41.02
6-20	人防设备垂直运输		t	**474.74**	405.00	27.79	41.95	3.00	1.500	1.880	0.750					0.030	0.030	0.030	0.030	
6-21	人防设备洞内水平运输	运距60m以内	t	**604.14**	405.00	174.53	24.61	3.00				8.760	0.050	8.000	5.000					0.600
6-22	人防设备洞内水平运输	每增50m	t	**216.00**	216.00			1.60												

第七章　组织措施费

说　　明

一、本章包括安全文明施工措施费(含环境保护、文明施工、安全施工、临时设施)、冬雨季施工增加费、夜间施工增加费、非夜间施工照明费、竣工验收存档资料编制费、二次搬运措施费6项。

二、安全文明施工措施费(含环境保护、文明施工、安全施工、临时设施)是指现场文明施工、安全施工所需要的各项费用和为达到环保部门要求所需要的环境保护费用以及施工企业为进行建筑安装工程施工所必须搭设的生活和生产用的临时建筑物、构筑物和其他临时设施等费用。

三、冬雨季施工增加费是指在冬期或雨期施工需增加的临时设施、防滑、排除雨雪,人工及施工机械效率降低等费用。

四、夜间施工增加费是指因夜间施工所发生的夜班补助费、夜间施工降效、夜间施工照明设备摊销及照明用电等费用。

五、非夜间施工照明费是指为保证工程施工正常进行,在地下室等特殊施工部位施工时所采用的照明设备的安拆、维护、摊销、照明用电及人工降效等费用。

六、竣工验收存档资料编制费是指按城建档案管理规定,在竣工验收后,应提交的档案资料所发生的编制费用。

七、二次搬运措施费是指因施工场地条件限制而发生的材料、构配件、半成品等一次运输不能到达堆放地点,必须进行二次或多次搬运所发生的费用。

计 算 规 则

一、安全文明施工措施费(含环境保护、文明施工、安全施工、临时设施)按分部分项工程费合计乘以相应费率计算,其中人工费占16%。安全文明施工措施费费率见下表。

安全文明施工措施费费率表

项目名称	计算基数	费率	
		一般计税	简易计税
安全文明施工措施费	分部分项工程费合计	3.14%	3.20%

二、冬雨季施工增加费、夜间施工增加费、非夜间施工照明费、竣工验收存档资料编制费按分部分项工程费及可计量措施项目费中的人工费、机械费合计乘以相应费率计算。措施项目费率见下表。

措施项目费率表

序号	项目名称	计算基数	费率		人工费占比
			一般计税	简易计税	
1	冬雨季施工增加费	人工费＋机械费 (分部分项工程项目＋可计量的措施项目)	1.85%	1.92%	60%
2	夜间施工增加费		0.29%	0.29%	70%
3	非夜间施工照明费		0.14%	0.15%	10%
4	竣工验收存档资料编制费		0.20%	0.22%	

三、二次搬运措施费按分部分项工程费中的材料费及可以计量的措施项目费中的材料费合计乘以相应费率计算。二次搬运措施费费率见下表。

二次搬运措施费费率表

项目名称	计算基数	费率	
		一般计税	简易计税
二次搬运措施费	材料费 (分部分项工程项目＋可计量的措施项目)	0.92%	0.90%

附　录

附录一　混凝土及砂浆配合比

说　　明

一、本附录中各项配合比是预算基价子目中混凝土及砂浆配合比的基础数据。

二、各项配合比中均未包括制作、运输所需人工和机械。

三、各项配合比中已包括了各种材料在配制过程中的操作和场内运输损耗。

四、砂浆和混凝土的配合比或主料品种不同时,可按设计要求换算。

1.水泥混凝土

单位：m^3

编号			1	2	3	4	5	6	7
材料名称	单位	单价（元）	混凝土强度等级						
			C50	C40	C35	C30		C25	
			石子粒径						
			0.5～2cm			0.5～2cm	2～4cm	0.5～2cm	2～4cm
水泥 52.5级	t	456.11	0.404						
水泥 42.5级	t	398.99		0.346	0.313	0.299	0.291	0.283	0.274
粉煤灰	t	97.03	0.454	0.389	0.351	0.335	0.326	0.317	0.307
优质砂	t	92.45	0.565	0.597	0.664	0.670	0.646	0.675	0.652
碴石 20～40	t	85.12					1.311		1.323
碴石 5～20	t	83.90	1.201	1.268	1.234	1.244		1.254	
水	m^3	7.62	0.220	0.200	0.200	0.200	0.190	0.200	0.190
材料合价	元		382.99	338.90	325.38	319.64	320.50	312.81	313.45

单位：m^3

编号			8	9	10	11	12	13	14
材料名称	单位	单价（元）	混凝土强度等级						
			C20		C15		C10		C20
			石子粒径						
			0.5～2cm	2～4cm	0.5～2cm	2～4cm	0.5～2cm	2～4cm	细石
水泥 42.5级	t	398.99	0.268	0.260	0.268	0.257	0.243	0.230	0.321
粉煤灰	t	97.03	0.301	0.292	0.301	0.289	0.273	0.258	0.361
优质砂	t	92.45	0.739	0.656	0.729	0.704	0.798	0.773	0.719
碴石 20～40	t	85.12		1.332		1.251		1.210	
碴石 5～20	t	83.90	1.205		1.190		1.149		1.125
水	m^3	7.62	0.200	0.190	0.220	0.200	0.220	0.200	0.240
材料合价	元		307.08	307.55	305.05	303.68	295.30	292.78	325.79

2.砌 体 砂 浆

单位：m^3

编号			15	16	17	18	19	20
材料名称	单位	单价（元）	水泥石灰砂浆			水泥砂浆		
			M2.5	M5	M7.5	M5	M7.5	M10
水泥 32.5级	t	357.47	0.131	0.187	0.253	0.213	0.263	0.303
生石灰	t	309.26	0.064	0.064	0.050			
石灰膏	m^3		(0.091)	(0.091)	(0.072)			
粗砂	t	86.63	1.528	1.460	1.413	1.596	1.534	1.486
水	m^3	7.62	0.600	0.400	0.400	0.220	0.220	0.220
材料合价	元		203.56	216.17	231.36	216.08	228.58	238.72

3.抹 灰 砂 浆

单位：m^3

编号			21	22	23	24	25	26	27	28
材料名称	单位	单价（元）	水泥砂浆					纯水泥浆	水泥细砂浆	
			1∶3	1∶2.5	1∶2	1∶1.5	1∶1		1∶1.5	1∶2
水泥 32.5级	t	357.47	0.404	0.490	0.566	0.690	0.822	1.502	0.595	0.504
粗砂	t	86.63	1.466	1.480	1.369	1.276	0.994			
细砂	t	87.33							1.018	1.160
水	m^3	7.62	0.290	0.330	0.350	0.380	0.410	0.590	0.480	0.450
材料合价	元		273.63	305.89	323.59	360.09	383.07	541.42	305.25	284.90

单位：m^3

编号			29	30	31	32	33	34	35	36
材料名称	单位	单价（元）	水泥石灰砂浆			麻刀石灰浆	纸筋灰浆	石灰麻刀砂浆	石灰粗砂细砂砂浆	
			1:1:2	1:1:4	1:1:6			1:3		1:2.5
水泥 32.5级	t	357.47	0.368	0.271	0.208					
生石灰	t	309.26	0.225	0.158	0.122	0.685	0.671	0.267	0.267	0.298
石灰膏	m^3		(0.321)	(0.225)	(0.174)	(0.978)	(0.958)	(0.381)	(0.381)	(0.425)
粗砂	t	86.63	0.932	1.308	1.513			1.659	1.106	1.031
细砂	t	87.33							0.553	0.512
麻刀	kg	3.92				20.000		16.600		
纸筋	kg	3.70					38.000			
水	m^3	7.62	0.600	0.600	0.600	0.500	0.500	0.680	0.680	0.680
材料合价	元		286.44	263.62	247.73	294.05	351.92	296.55	231.86	231.37

单位：m³

编号			37	38	39	40	41	42	43
材料名称	单位	单价（元）	水泥白石子浆	水泥石屑浆	混合砂浆		聚醋酸乙烯抹灰砂浆	素水泥浆	水泥砂浆
			1:2		1:0.5:1	1:0.5:4	灰砂比 1:1.5 液水比 1:3 水灰比 1:0.55	水灰比 1:0.4	灰砂比 1:1.5 水灰比 1:0.4
水泥 32.5级	t	357.47	0.624	0.610	0.614	0.307	0.712	1.398	0.777
水	m³	7.62	0.250	0.250	0.470	0.250	0.329	0.626	0.348
白石子	t	192.70	1.669						
土石屑	t	81.85		1.482					
生石灰	t	309.26			0.179	0.089			
石灰膏	m³				(0.256)	(0.127)			
粗砂	t	86.63			0.741	1.471	1.085		1.183
聚醋酸乙烯乳液	kg	9.51					101.800		
材料合价	元		546.58	341.26	342.62	266.61	1319.14	504.51	382.89

附录二 材 料 价 格

说 明

一、本附录材料价格为不含税价格，是确定预算基价子目中材料费的基期价格。

二、材料价格由材料采购价、运杂费、运输损耗费和采购及保管费组成。计算公式如下：

采购价为供货地点交货价格：

材料价格 =（采购价 + 运杂费）×（1+ 运输损耗率）×（1+ 采购及保管费费率）

采购价为施工现场交货价格：

材料价格 = 采购价 ×（1+ 采购及保管费费率）

三、运杂费指材料由供货地点运至工地仓库（或现场指定堆放地点）所发生的全部费用。运输损耗指材料在运输装卸过程中不可避免的损耗，材料损耗率如下表：

材料损耗率表

材料类别	损耗率
页岩标砖、空心砖、砂、水泥、陶粒、耐火土、水泥地面砖、白瓷砖、卫生洁具、玻璃灯罩	1.0%
机制瓦、脊瓦、水泥瓦	3.0%
石棉瓦、石子、黄土、耐火砖、玻璃、色石子、大理石板、水磨石板、混凝土管、缸瓦管	0.5%
砌块、白灰	1.5%

注：表中未列的材料类别，不计损耗。

四、采购及保管费是指为组织采购、供应和保管材料、工程设备的过程中所需要的各项费用。采购及保管费费率按0.42%计取。

五、附录中材料价格是编制期天津市建筑材料市场综合取定的施工现场交货价格，并考虑了采购及保管费。

六、采用简易计税方法计取增值税时，材料的含税价格按照税务部门有关规定计算，以“元”为单位的材料费按系数1.1086调整。

材料价格表

序号	材料名称	规格	单位	单位质量(kg)	单价(元)	附注
1	水泥	32.5级	kg		0.36	
2	水泥	42.5级	kg		0.41	
3	水泥	32.5级	t		357.47	
4	水泥	42.5级	t		398.99	
5	水泥	52.5级	t		456.11	
6	氯丁乳胶水泥		kg		5.23	
7	页岩标砖	240×115×53	千块		513.60	
8	页岩标砖	240×115×53	m^3		351.11	
9	生石灰		t		309.26	
10	粉煤灰		t		97.03	
11	粉煤灰		kg		0.10	
12	碎石	40	m^3		73.28	
13	碎石	16以内	m^3		96.55	
14	膨润土		kg		0.39	
15	细砂		t		87.33	
16	中砂		m^3		89.44	
17	中砂		t		86.14	
18	粗砂		t		86.63	
19	中粗砂		t		86.14	
20	中粗砂		m^3		89.35	
21	优质砂		t		92.45	
22	级配砂石		t		86.26	
23	片石		m^3		145.00	
24	土石屑		t		81.85	
25	白石子	大、中、小八厘	t		192.70	
26	碴石	5～20	t		83.90	

续表

序号	材料名称	规格	单位	单位质量(kg)	单价(元)	附注
27	碴石	20～40	t		85.12	
28	收口板		m^2		265.00	
29	石膏		kg		1.30	
30	油毡		m^2		3.83	综合价
31	LDPE 防水卷材		m^2		36.42	
32	SBS改性沥青防水卷材		m^2		34.20	
33	石油沥青	$10^{\#}$	kg		4.04	
34	石油沥青	$30^{\#}$	kg		6.00	
35	乳化橡胶沥青		kg		2.83	
36	改性乳化沥青		kg		4.81	
37	PVC防水板	2mm厚	m^2		15.06	
38	ECB防水板	2mm厚	m^2		46.65	
39	EVA防水板	2mm厚	m^2		37.31	
40	橡胶止水带		m		38.50	
41	内防水橡胶止水带		m		38.50	
42	环氧聚氨酯嵌缝膏		kg		5.76	
43	水泥砂浆	1:2	m^3		350.77	
44	水泥砂浆	M5	m^3		302.50	
45	预拌砂浆	RS20	m^3		281.08	
46	预拌砂浆	RM7.5	m^3		325.00	
47	护壁泥浆		m^3		57.75	
48	预拌混凝土	AC10	m^3		430.17	
49	预拌混凝土	AC15	m^3		439.88	
50	预拌混凝土	AC20	m^3		450.56	
51	预拌混凝土	AC25	m^3		461.24	
52	预拌混凝土	AC30	m^3		472.89	

续表

序号	材料名称	规格	单位	单位质量(kg)	单价(元)	附注
53	预拌混凝土	AC35	m^3		487.45	
54	预拌混凝土	AC40	m^3		504.93	
55	预拌混凝土	AC45	m^3		533.08	
56	预拌混凝土	AC50	m^3		565.12	
57	预拌混凝土	BC55	m^3		600.07	
58	预拌混凝土	BC60	m^3		640.85	
59	预拌混凝土	BC20 P6	m^3		466.09	
60	预拌混凝土	BC25 P8	m^3		477.74	
61	预拌混凝土	BC30 P8	m^3		490.36	
62	预拌混凝土	BC35 P8	m^3		504.93	
63	预拌混凝土	BC40 P8	m^3		519.49	
64	板材		m^3		2302.20	
65	原木		m^3		1686.44	
66	胶合板	5mm厚	m^2		30.54	
67	铸铁花纹板		t		4203.00	
68	板枋材		kg		0.60	
69	板枋材		m^3		2001.17	
70	枕木		m^3		3457.47	
71	垫木		m^3		1049.18	
72	沥青枕木		m^3		7280.00	
73	硬木板(方)		m^3		3783.00	
74	木枕	Ⅰ类	根		179.38	
75	木枕	Ⅱ类	根		160.00	
76	木模板		m^3		1982.88	
77	木脚手板		m^2		46.50	
78	木脚手板		m^3		1930.95	

续表

序号	材料名称	规格	单位	单位质量 (kg)	单价 (元)	附注
79	铁件	含制作费	kg		9.49	
80	精调用斜垫铁		kg		6.34	
81	单向安装支架		套		358.00	
82	预热装置及支架		套		10310.00	
83	镀锌钢丝	0.7～1.2	kg		7.34	
84	镀锌钢丝	1.8～2.0	kg		7.09	
85	镀锌钢丝	0.7～0.9	kg		7.37	
86	钢筋		kg		3.89	
87	钢筋	*D*10以内	t		3970.73	
88	钢筋	*D*10以内	kg		3.97	
89	钢筋	*D*10以外	t		3799.94	
90	钢筋	*D*10以外	kg		3.80	
91	圆钢	Q235-A ϕ6～9	kg		2.44	
92	圆钢	Q235-A ϕ10～18	kg		3.92	
93	螺纹钢	锰*D*14～32	t		3719.82	
94	螺纹钢	*D*25以内	t		3741.46	
95	螺纹钢	*D*25以外	t		3789.90	
96	钢丝绳		kg		6.67	
97	角钢	50×5	m		14.14	
98	角钢	Q235-A	kg		2.78	
99	镀锌角钢	5mm厚	kg		3.98	
100	等边角钢	（综合）	kg		3.70	
101	不等边角钢	（综合）	kg		3.69	
102	工字钢	（综合）	kg		3.61	
103	热轧工字钢	$18^{\#}$～$24^{\#}$	t		3634.57	
104	热轧工字钢	$25^{\#}$～$36^{\#}$	t		3616.33	

续表

序号	材料名称	规格	单位	单位质量(kg)	单价(元)	附注
105	热轧工字钢	$37^{\#}\sim40^{\#}$	t		3593.46	
106	槽钢	(综合)	kg		2.80	
107	型钢		kg		3.70	
108	型钢		t		3699.72	
109	方钢		t		3901.87	
110	钢板		kg		3.37	
111	钢板	4.5～10.0	kg		3.79	
112	钢板	4.5～20.0	kg		3.73	
113	钢板	10.0～12.0	kg		3.67	
114	钢板(中厚)	(综合)	kg		3.88	
115	钢板(中厚)	(综合)	t		3876.58	
116	钢板	Q235-A $\delta=8\sim30$	kg		3.90	
117	鱼尾板		kg		4.77	
118	热轧薄钢板	1.6～1.9	kg		3.72	
119	热轧薄钢板	2.0～2.5	kg		3.72	
120	热轧薄钢板	2.6～3.2	kg		3.72	
121	热轧薄钢板	3.5～5.5	kg		3.70	
122	冷轧薄钢板	1.0～1.5	kg		4.01	
123	热轧厚钢板	14.0～16.0	t		3820.00	
124	热轧厚钢板	4.5～6.0	kg		3.84	
125	钢管		kg		3.81	
126	钢管	$D50\times4$	kg		4.20	
127	钢管	$D51\times3.5$	m		17.21	
128	钢管	$D100\times6$	kg		4.50	
129	钢管	$D80\times2$	kg		3.53	
130	钢管	$D100\times4$	kg		3.67	

续表

序号	材料名称	规格	单位	单位质量(kg)	单价(元)	附注
131	钢管	*DN*50	kg		3.83	
132	钢管	*DN*80	kg		3.82	
133	钢管	*DN*200	kg		3.78	
134	卷焊钢管		kg		3.47	
135	镀锌钢管	*DN*20	kg		4.89	
136	脚手管	ϕ48	kg		2.35	
137	脚手架接驳管	ϕ43×350	支		5.74	
138	井管	ϕ325无缝钢管 8厚	m		321.00	
139	井管	ϕ325桥式钢管	m		311.00	
140	无缝钢管	*D*70×4	m		30.49	
141	热轧一般无缝钢管	*D*32×3.5	kg		3.84	
142	热轧一般无缝钢管	*D*42×3.5	kg		3.81	
143	热轧一般无缝钢管	*D*50×3.5	m		17.04	
144	热轧一般无缝钢管	*D*70×3	m		23.59	
145	热轧一般无缝钢管	*D*108×6	kg		4.58	
146	热轧一般无缝钢管	*D*159×6	kg		4.44	
147	热轧一般无缝钢管	*D*203×6	kg		4.45	
148	热轧一般无缝钢管	*D*377×10	kg		4.68	
149	铁管栏杆		kg		3.53	
150	竖井龙门架(钢构件)		kg		4.26	
151	钢支墩		个		467.22	
152	钢制台座		kg		3.22	
153	组合钢配件		kg		7.00	
154	六角空心钢		kg		4.03	
155	铜套	35mm^2	个		17.00	
156	不锈钢板	$\delta\leqslant4$	kg		17.45	

续表

序号	材料名称	规格	单位	单位质量(kg)	单价(元)	附注
157	环圈钢板		t		4000.00	
158	铝合金压条		m		7.85	
159	道钉		个		4.60	
160	道钉	16×16×165	个		4.60	
161	道钉		kg		2.50	
162	圆钉		kg		6.68	
163	扒钉		kg		8.58	
164	铁钉		kg		6.68	
165	电焊条	E4303 *D*3.2	kg		7.59	
166	铜焊条		kg		45.64	
167	塑料焊条		kg		13.07	
168	不锈钢电焊条		kg		66.08	
169	低碳钢电焊条		kg		6.73	
170	铅丝		kg		5.73	
171	焊丝	*D*3.2	kg		6.92	
172	焊锡丝		kg		60.79	
173	自攻螺丝		100个		6.55	
174	焊锡		kg		59.85	
175	举重臂螺丝		个		11.07	
176	滤料		m^3		68.63	
177	铝热焊剂		包		328.81	
178	压浆孔螺钉		个		8.65	
179	圆柱头螺钉	M4×20	kg		10.43	
180	螺栓		kg		8.33	
181	膨胀螺栓	30	套		5.67	
182	膨胀螺栓	M8×100	套		0.70	

续表

序号	材料名称	规格	单位	单位质量(kg)	单价(元)	附注
183	膨胀螺栓	M12×105	套		0.95	
184	带帽螺栓	(综合)	kg		7.96	
185	圆帽螺栓	M4×(25~30)	套		0.19	
186	螺栓套管		个		0.79	
187	高强度塑料套管		个		1.07	
188	信号配线软套管	$d6\times1$	m		1.71	
189	管片连接螺栓		kg		7.36	
190	六角带帽螺栓	M10×50	套		0.52	
191	六角带帽螺栓	M10×100	套		0.87	
192	镀锌六角带帽螺栓	M10×100	套		1.02	
193	镀锌六角带帽螺栓	M10×120	套		1.06	
194	螺栓带帽	M12×200	套		2.62	
195	U形螺栓带帽	M22	kg		5.56	
196	接头螺栓带帽	50kg	套		4.84	
197	接头螺栓带帽	60kg	套		5.08	
198	六角螺栓带帽	M10×5	套		0.16	
199	六角头螺栓带帽	M12×(60~65)	套		1.20	
200	高强度接头螺栓带帽	60kg	套		5.53	
201	高强度接头螺栓带帽	50kg	套		11.27	
202	扣紧螺母	M20	个		0.28	
203	自制兰花螺母		套		3.77	
204	平垫圈	25×45×4	个		0.39	
205	平垫圈	25×50×6	个		1.44	
206	弹簧垫圈	50kg	个		0.93	
207	弹簧垫圈	60kg	个		0.95	
208	双层弹簧垫圈	M24	个		0.28	

续表

序号	材料名称	规格	单位	单位质量(kg)	单价(元)	附注
209	钢模板		kg		9.80	
210	组合钢模板		kg		10.97	
211	钢平台		kg		7.02	
212	钢纤维		kg		4.35	
213	钢支撑		kg		7.46	
214	直角扣件		个		6.42	
215	木支撑		m^3		2211.82	
216	底座		个		6.71	
217	活动扣件		个		5.62	
218	防爬支撑(木)		个		2.61	
219	脚手管(扣)件		个		6.45	
220	防爬支撑(混凝土)		个		2.91	
221	送桩帽		kg		5.18	
222	尼龙帽		个		2.21	
223	扣件		kg		6.49	
224	卡具		kg		3.16	
225	零星卡具		kg		7.57	
226	钢丝绳卡具	混凝土枕 通用	套		11.44	
227	钻头		个		288.10	
228	合金钻头		个		194.69	
229	锚杆	R32N(国产)	m		14.10	
230	钻杆		套		450.00	
231	钻杆		m		47.85	
232	射钉垫片		套		1.00	
233	螺旋道钉带螺帽	M24×195	套		2.60	
234	调和漆		kg		14.11	综合价

续表

序号	材料名称	规格	单位	单位质量(kg)	单价(元)	附注
235	防锈漆		kg		15.51	
236	铅油(厚漆)		kg		9.80	
237	酚醛调和漆		kg		10.67	
238	醇酸防锈漆		kg		13.20	
239	环氧沥青漆		kg		10.38	
240	油性防锈漆		kg		15.51	
241	环氧煤沥青漆		kg		16.15	
242	红丹酚醛防锈漆		kg		17.27	
243	丁基自粘腻子		kg		8.64	
244	水玻璃		kg		2.38	
245	防水涂料		kg		16.85	
246	聚氨酯	甲料	kg		15.28	
247	聚氨酯	乙料	kg		14.85	
248	聚氨酯甲组分		kg		30.65	
249	聚氨酯乙组分		kg		30.65	
250	焦油聚氨酯涂料		kg		12.98	
251	非焦油聚氨酯涂料		kg		12.98	
252	硫磺		kg		1.88	
253	白石蜡		kg		8.55	
254	滑石粉		kg		0.59	
255	丙酮		kg		9.89	
256	密封膏		支		2.63	
257	甲苯	国产	kg		10.17	
258	乙二胺		kg		21.96	
259	环氧树脂	6101	kg		28.33	
260	连通液		kg		2.23	

续表

序号	材料名称	规格	单位	单位质量(kg)	单价(元)	附注
261	促进剂	KA	kg		0.61	
262	外加剂	SN-2	kg		2.60	
263	微沫剂		kg		26.82	
264	隔离剂		kg		4.20	
265	减摩剂		kg		16.17	
266	脱模剂		kg		5.26	
267	助燃剂		根		2.67	
268	粘接剂		kg		17.51	
269	黏稠剂		kg		3.25	
270	速凝增强剂		kg		2.13	
271	氧气	$6m^3$	m^3		2.88	
272	氯化钙		kg		1.20	
273	乙炔气	5.5～6.5kg	m^3		16.13	
274	乙炔气		kg		14.66	
275	木质素磺酸钙		kg		1.45	
276	石油液化气		kg		3.19	
277	三乙醇胺		kg		17.11	
278	磷酸氢二钠		kg		1.85	
279	外防水氯丁酚醛胶		kg		18.17	
280	C401 胶		kg		9.05	
281	结构胶		kg		43.70	
282	聚氨酯胶粘剂		kg		20.77	
283	模板嵌缝料		kg		6.92	
284	丁基粘合剂		kg		28.50	
285	煤		t		527.83	
286	汽油	90#	kg		7.16	

续表

序号	材料名称	规格	单位	单位质量(kg)	单价(元)	附注
287	柴油		kg		6.32	
288	机油		kg		7.21	
289	液压油		kg		9.44	
290	脱模油		kg		1.54	
291	松节油		kg		7.93	
292	油脂		kg		13.80	
293	草袋	840×760	条		2.13	
294	草纸		kg		2.16	
295	草板纸		张		2.77	
296	纸筋		kg		3.70	
297	麻袋		条		9.23	
298	麻绳		kg		9.28	
299	麻刀		kg		3.92	
300	白棕绳	ϕ40	kg		19.73	
301	棉纱		kg		16.11	
302	土工布		m^2	0.60	6.84	
303	橡胶板	3mm	kg		11.26	
304	连通管		m		2.35	
305	胶管	ϕ50	m		12.32	
306	岩芯管		m		124.33	
307	注浆管		kg		6.06	
308	粘胶布风管		m		10.26	
309	高压胶管	ϕ25	m		41.85	
310	高压油管		m		230.00	
311	PE泡沫板		m^2		9.52	
312	插头	DB-25	副		42.07	

续表

序号	材料名称	规格	单位	单位质量(kg)	单价(元)	附注
313	插头	DB-9	副		27.92	
314	胶结绝缘接头		套		6.66	
315	尼龙线扣		个		0.09	
316	聚醋酸乙烯乳液		kg		9.51	
317	聚氨酯泡沫塑料		kg		15.58	
318	聚苯乙烯硬泡沫塑料		m^3		372.08	
319	安全网		m^2		10.64	
320	密目式阻燃安全网		m^2		8.50	
321	聚苯乙烯泡沫塑料板	30mm	m^2		12.11	
322	垫板		kg		3.72	
323	铁垫板	50kg	块		23.10	
324	厚垫板		个		6.00	
325	橡胶垫		个		7.26	
326	塑料垫板	护轨	块		2.48	
327	塑料布		m^2		1.96	
328	塑料彩条编织布		m^2		1.71	
329	水		m^3		7.62	
330	电		kW·h		0.75	
331	导电杆		只		4.50	
332	砂轮片	$D200$	片		5.80	
333	碗形砂轮		个		68.90	
334	磁环		个		38.94	
335	磁环夹具		个		3.89	
336	轻型井点井管	$\phi 40$	m		51.31	
337	轻型井点总管	$\phi 100$	m		42.22	
338	喷射井点井管	$\phi 76$	m		119.73	

续表

序号	材料名称	规格	单位	单位质量(kg)	单价(元)	附注
339	喷射井点总管	φ159	m		151.37	
340	大口径井点总管	φ159	m		88.89	
341	大口径井点井管	φ400	m		157.86	
342	外接头	*DN*50	个		5.11	
343	蛇管接头		组		36.78	
344	冷挤压套筒	*D*20以内	个		3.75	
345	冷挤压套筒	*D*25以内	个		4.56	
346	冷挤压套筒	*D*32以内	个		6.46	
347	冷挤压套筒	*D*45以内	个		8.07	
348	直螺纹套筒	*D*20以内	个		1.13	
349	直螺纹套筒	*D*25以内	个		1.55	
350	直螺纹套筒	*D*32以内	个		2.51	
351	直螺纹套筒	*D*45以内	个		4.90	
352	锥螺纹套筒	*D*20以内	个		2.20	
353	锥螺纹套筒	*D*25以内	个		3.10	
354	锥螺纹套筒	*D*32以内	个		4.10	
355	锥螺纹套筒	*D*45以内	个		3.05	
356	管箍	*DN*50	个		3.86	
357	管卡子	*DN*50	个		2.81	
358	S棒固定卡子		个		1.34	
359	管堵	*DN*50	个		6.04	
360	盖堵	φ75	个		11.13	
361	PPR管	φ50	m		18.40	
362	PVC穿线管	φ20	m		0.60	
363	镀锌蛇皮管	*DN*38	m		15.58	
364	阀门	J11T-16 *DN*50	个		34.37	

续表

序号	材料名称	规格	单位	单位质量(kg)	单价(元)	附注
365	阀门	J41T-16 *DN*100	个		229.50	
366	法兰	ϕ165×100	副		118.92	
367	平焊法兰	*DN*100	副		65.99	
368	塑料铜芯软线	BVR 500V 1.5mm^2	m		1.29	
369	熔断器	220V/100A	个		9.10	
370	灯泡		个		1.33	
371	防水灯头		个		2.47	
372	插座板	30位	个		171.60	
373	三相四孔插座	15A	个		8.65	
374	冷压端子	ϕ6孔	个		1.71	
375	冷压端子	ϕ8孔	个		1.71	
376	端子板	JX2-2510	组		7.62	
377	接线盒托架		个		35.30	
378	铁壳闸刀	30A/3	个		47.10	
379	铁壳闸刀	100A/2	个		35.90	
380	铁壳闸刀	380V/200A	个		406.31	
381	胶壳闸刀	220V/100A	个		122.75	
382	冷压接线环	35mm^2	个		9.94	
383	卡轨器		个		25.86	
384	静力水准仪		套		31.03	
385	瞬时保护模块		个		26.72	
386	绝缘轨距杆	ϕ32	根		128.37	
387	绝缘轨距杆	ϕ34	根		139.18	
388	绝缘轨距杆	ϕ36	根		147.38	
389	绝缘轨距杆	ϕ38	根		178.10	
390	普通轨距杆	ϕ32	根		143.86	

续表

序号	材料名称	规格	单位	单位质量(kg)	单价(元)	附注
391	普通轨距杆	ϕ34	根		164.41	
392	普通轨距杆	ϕ36	根		178.10	
393	普通轨距杆	ϕ38	根		219.21	
394	绝缘管及垫(一管二垫)	ϕ14	套		12.07	
395	调谐单元托架		个		300.48	
396	馈电单元托架		个		49.06	
397	屏蔽线	二芯	m		3.49	
398	聚氯乙烯单丝	ϕ1.0	kg		13.15	
399	兆欧表	500V/1000MΩ	台		588.40	
400	线号机打字色带		盘		15.22	
401	单芯电缆	7/0.85 4mm^2	m		3.52	
402	信号电缆		m		1.68	
403	动力电缆		m		3.00	
404	控制电缆		m		5.83	
405	橡胶三芯软缆	3×35	m		43.97	
406	橡胶四芯软缆	3×70+1×25	m		96.26	
407	终端棒	925/0.5 185mm^2	m		416.63	
408	混凝土短枕		块		97.05	
409	混凝土长枕		根		166.07	
410	混凝土弹性短枕		块		103.64	
411	混凝土弹性长枕		根		171.33	
412	单开道岔	50kg 9# (混凝土枕用) AT	组		105323.00	
413	单开道岔	50kg 12# (混凝土枕用) AT	组		154709.00	
414	单开道岔	60kg 9# (整体道床)	组		106130.00	
415	单开道岔	60kg 12# (混凝土枕) AT	组		159820.00	
416	混凝土岔枕	50kg 9# (单开道岔)	组		28994.00	
417	混凝土岔枕	50kg 12# (单开道岔)	组		29483.00	

续表

序号	材料名称	规格	单位	单位质量(kg)	单价(元)	附注
418	混凝土岔枕	60kg 9#(单开道岔)	组		26938.00	
419	单开道岔	60kg 12#(整体道床)	组		156709.00	
420	混凝土岔枕	60kg 9#(复式交分)	组		26938.00	
421	单开道岔	60kg 9#(混凝土枕)AT	组		106130.00	
422	混凝土岔枕	60kg 12#(单开道岔)	组		28187.00	
423	混凝土岔枕	60kg 12#(复式交分)	组		28187.00	
424	可动心单开道岔	60kg 12#(混凝土枕)AT	组		248264.52	
425	复式交分道岔	60kg 9#(整体道床)	组		190237.00	
426	复式交分道岔	60kg 12#(固定辙岔整体道床)	组		301694.00	
427	复式交分道岔	60kg 12#(可动心辙岔整体道床)	组		366028.00	
428	交叉渡线	60kg 9# 间距5.0m	组		594579.00	
429	交叉渡线	60kg 12# 间距5.0m	组		743463.00	
430	混凝土岔枕交叉渡线	60kg 9# 间距5.0m	组		216160.00	
431	混凝土岔枕交叉渡线	60kg 12# 间距5.0m	组		218322.00	
432	轻轨		kg		4.20	
433	钢轨		kg		3.83	
434	钢轨	50kg 12.5m中锰钢	根		2669.23	
435	钢轨	50kg 25m中锰钢	根		5338.64	25×50×3.7875
436	钢轨	60kg 25m中锰钢	根		6796.58	25×60×3.939
437	异型钢轨	50～60kg 6.25m	根		1257.08	
438	异型钢轨	12.5m	根		2514.15	
439	压制弯头	D50	个		2.87	
440	压制弯头	D100	个		11.28	
441	钢轨绝缘	50kg	组		175.09	
442	钢轨绝缘	60kg	组		218.12	
443	钢轨连接线	276/0.4 35mm^2	m		27.36	
444	钢轨接续线	TXR95mm^2 1.3m	根		57.27	

续表

序号	材料名称	规格	单位	单位质量(kg)	单价(元)	附注
445	钢轨接续线	TXR95mm^2 1.5m	根		66.08	
446	钢轨接续线	TXR95mm^2 3.0m	根		132.16	
447	护套钢轨引接线	ϕ1.2×19L=1600	根		50.34	
448	护套钢轨引接线	ϕ1.2×19L=3600	根		75.97	
449	钢轨伸缩调节器	(桥面用)60kg 1m	对		30319.97	
450	钢轨伸缩调节器	(桥头用)60kg 1m	对		28451.27	
451	高强度钢轨绝缘	50kg	组		206.09	
452	高强度钢轨绝缘	60kg	组		230.62	
453	钢轨枕		kg		3.55	
454	钢轨支撑架		套		525.54	
455	50kg钢轨弹条	Ⅰ型扣件	套		36.04	
456	60kg钢轨弹条	Ⅰ型扣件	套		34.46	
457	盾构托架		t		3712.21	
458	接头夹板	38kg	块		3.45	
459	接头夹板	50kg中锰钢	块		3.65	
460	接头夹板	60kg中锰钢	块		4.02	
461	中间扣板	50kg	块		2.73	
462	接头扣板	50kg	块		2.73	
463	金属支架		kg		4.60	
464	锁口管		kg		5.47	
465	透水管		m		16.44	
466	滤网管		根		68.38	
467	钢管缠丝滤水管	ϕ50	m		70.58	
468	倾斜预埋件		个		214.54	
469	沉降预埋件		套		214.54	
470	收敛预埋件		只		214.54	
471	抗蚀预埋件		个		245.85	

续表

序号	材料名称	规格	单位	单位质量(kg)	单价(元)	附注
472	管线抱箍标志		个		155.75	
473	抗蚀金属标志		个		100.00	
474	信号锁		把		115.38	
475	铝管	$D80\times2$	kg		17.15	
476	导向铝管	$\phi30$	m		12.71	
477	结皮海绵橡胶板		kg		17.62	
478	氯丁橡胶		kg		18.66	
479	遇水膨胀橡胶圈		个		0.71	
480	塑料注浆管		m		12.65	
481	塑料注浆阀管		m		15.70	
482	塑料测斜管	$\phi80$	m		20.56	
483	保护圈盖		套		24.38	
484	裂缝计		套		560.00	
485	土压计		支		305.00	
486	孔隙水压计		个		386.96	
487	三向位移计		个		5349.33	
488	钢筋应力计		个		212.00	
489	应力应变计		个		415.00	
490	混凝土应变计		个		379.00	
491	坩埚(铝热焊用)		个		267.00	
492	防爬器	43kg	个		14.24	
493	防爬器	50kg	个		15.52	
494	防爬器	60kg	个		16.43	
495	防腐帮桩	$\phi(160\sim200)\times2000$	根		54.08	
496	走道板		kg		3.63	
497	软木衬垫		m^2		48.90	
498	帘布橡胶条		kg		14.10	

序号	材料名称	规格	单位	单位质量(kg)	单价(元)	附注
499	三元乙丙密封胶条		m		10.78	
500	泵管	*DN*150	m		60.57	
501	风管		kg		0.72	
502	高压皮龙管	ϕ150mm×3m	根		1557.54	
503	道岔连接杆绝缘		组		151.40	
504	道岔电路用整流盒		个		17.24	
505	分线盘端子配线铭牌		个		0.37	
506	道岔钢轨支撑架	9#	组		7758.00	
507	道岔钢轨支撑架	12#	组		8930.00	
508	铁路信号灯泡	TX12-25/25A	个		5.74	
509	井盖		个		1260.00	
510	无砂混凝土管	ϕ400	m		68.88	
511	水箱		kg		4.70	
512	集线箱		个		57.76	
513	封箱泥		kg		0.27	
514	限位器		个		80.00	
515	喷射器		个		241.97	
516	剪力铰		个		700.00	
517	8U预埋栓		个		10.00	
518	回水连接件		副		1.09	
519	钢轨架车挡		个		4091.00	
520	CDKN型库内车挡		个		12931.00	
521	护轨		t		3536.21	
522	废(旧)轨		t		3103.00	
523	井点托架		个		0.90	
524	大口径井点吸水器	15m	套		521.37	
525	管片钢模精加工制作		kg		12.50	

附录三　施工机械台班价格

说　明

一、本附录机械不含税价格是确定预算基价中机械费的基期价格，也可作为确定施工机械台班租赁价格的参考。

二、台班单价按每台班8小时工作制计算。

三、台班单价由折旧费、检修费、维护费、安拆费及场外运费、人工费、燃料动力费和其他费组成。

四、安拆费及场外运费根据施工机械不同分为计入台班单价、单独计算和不计算三种类型。

1.工地间移动较为频繁的小型机械及部分中型机械，其安拆费及场外运费计入台班单价。

2.移动有一定难度的特、大型（包括少数中型）机械，其安拆费及场外运费单独计算。单独计算的安拆费及场外运费除应计算安拆费、场外运费外，还应计算辅助设施（包括基础、底座、固定锚桩、行走轨道枕木等）的折旧、搭设和拆除等费用。

3.不需安装、拆卸且自身能开行的机械和固定在车间不需安装、拆卸及运输的机械，其安拆费及场外运费不计算。

五、盾构机械台班费用未包括安装、拆卸费及场外运费。

六、采用简易计税方法计取增值税时，机械台班价格应为含税价格，以"元"为单位的机械台班费按系数1.0902调整。

施工机械台班价格表

序号	机　　械　　名　　称	规　格　型　号	台班不含税单价（元）	台班含税单价（元）	附　　注
1	推土机	（综合）	835.04	891.44	
2	履带式推土机	75kW	904.54	967.60	
3	履带式推土机	105kW	1027.82	1112.14	
4	轮胎式装载机	$1.5m^3$	674.04	733.92	
5	挖掘机	（综合）	1059.67	1151.32	
6	履带式单斗液压挖掘机	$0.6m^3$	825.77	889.13	
7	履带式单斗液压挖掘机	$1m^3$	1159.91	1263.69	
8	小型挖掘机	$0.3m^3$	703.33	749.91	
9	挖掘机	$0.4m^3$以内	703.33	749.91	
10	振动压路机	10t	667.57	721.11	
11	电动夯实机	250N•m	27.11	29.55	
12	风动凿岩机	气腿式	14.30	15.21	
13	风动凿岩机	手持式	12.25	12.90	
14	轨道式柴油打桩机	2.5t	1036.40	1129.33	
15	轨道式柴油打桩机	4t	1486.81	1635.08	
16	履带式柴油打桩机	2.5t	888.97	964.26	
17	履带式柴油打桩机	5t	1851.16	2049.59	
18	履带式柴油打桩机	7t	2029.56	2250.79	
19	履带式柴油打桩机	8t	2119.25	2351.84	
20	单重管旋喷机		624.46	651.69	
21	双重管旋喷机		673.67	706.83	
22	三重管旋喷机		756.84	800.45	
23	钻孔咬合桩机		5052.46	5508.19	
24	电动灌浆机	$3m^3/h$	25.28	27.71	

续表

序号	机械名称	规格型号	台班不含税单价（元）	台班含税单价（元）	附注
25	振动打拔桩机	40t	1108.34	1190.74	
26	水泥搅拌桩机	ϕ650	597.60	634.58	
27	水泥搅拌桩机	ϕ850	762.04	819.48	
28	钻孔机		211.00	230.03	
29	汽车钻孔机	ϕ400	904.66	970.76	
30	钻机	GP20	1185.97	1289.75	
31	螺旋钻机	600mm	698.71	735.04	
32	冲击成孔机	CZ-30	583.49	600.57	
33	履带式起重机	10t	642.29	684.72	
34	履带式起重机	15t	759.77	816.54	
35	履带式起重机	25t	824.31	889.30	
36	履带式起重机	40t	1302.22	1424.59	
37	履带式起重机	60t	1507.29	1654.40	
38	履带式起重机	90t	2634.99	2928.18	
39	履带式起重机	100t	2822.15	3138.77	
40	履带式起重机	300t	6550.07	7332.71	
41	轮胎式起重机	20t	971.35	1055.68	
42	汽车式起重机	8t	767.15	816.68	
43	汽车式起重机	10t	838.68	896.27	
44	汽车式起重机	12t	864.36	924.77	
45	汽车式起重机	16t	971.12	1043.79	
46	汽车式起重机	20t	1043.80	1124.97	
47	汽车式起重机	25t	1098.98	1186.51	
48	门式起重机	5t	377.21	387.11	

续表

序号	机械名称	规格型号	台班不含税单价（元）	台班含税单价（元）	附注
49	门式起重机	10t	465.57	485.34	
50	门式起重机	15t	554.97	605.03	
51	门式起重机	20t	644.36	689.65	
52	门式起重机	50t	1106.42	1209.94	
53	轨道式内燃起重机	16t	778.65	837.80	
54	铺轨龙门架	25m	724.47	789.82	
55	塔式起重机	20kN•m	334.88	365.09	
56	千斤顶		10.21	10.52	
57	液压千斤顶	200t	11.50	11.90	
58	立式油压千斤顶	200t	11.50	11.90	
59	载货汽车	4t	417.41	447.36	
60	载货汽车	5t	443.55	476.28	
61	载货汽车	6t	461.82	496.16	
62	载货汽车	8t	521.59	561.99	
63	机动翻斗车	1t	207.17	214.39	
64	自卸汽车	4t	491.57	528.55	
65	自卸汽车	12t	887.23	954.14	
66	电瓶车	8t	287.49	294.28	
67	电瓶车	10t	299.81	307.80	
68	泥浆罐车	5000L	511.90	552.35	
69	轨道矿车	1t	34.17	35.36	
70	轨道平车	5t	34.17	35.36	
71	轨道平车	8t	85.91	92.39	
72	轨道平车	10t	85.91	92.39	

续表

序号	机械名称	规格型号	台班不含税单价（元）	台班含税单价（元）	附注
73	轨道平车	30t	206.52	225.36	
74	轨道平板吊车	16t	726.38	785.83	
75	长轨运输平车		88.05	95.99	
76	洒水车	4000L	477.85	515.39	
77	卷扬机	电动单筒快速 20kN	225.43	232.75	
78	卷扬机	电动单筒慢速 30kN	205.84	210.09	
79	卷扬机	电动单筒慢速 50kN	211.29	216.04	
80	卷扬机	电动单筒慢速 100kN	284.75	297.21	
81	卷扬机	电动双筒慢速 50kN	236.29	244.04	
82	卷扬机	电动双筒慢速 100kN	327.17	342.31	
83	高空作业车		656.15	706.13	
84	液压泵车		293.94	324.34	
85	手电动葫芦		41.02	45.30	
86	混凝土搅拌机	350L	248.56	254.67	
87	强制式反转出料混凝土搅拌机	800L	320.58	332.83	
88	灰浆搅拌机	200L	208.76	210.10	
89	灰浆搅拌机	400L	215.11	217.22	
90	混凝土输送泵	$20m^3/h$	576.07	628.03	
91	混凝土输送泵	$30m^3/h$	650.38	707.26	
92	混凝土输送泵车	$20m^3/h$	1086.79	1177.40	
93	混凝土输送泵车	$75m^3/h$	1580.57	1732.84	
94	挤压式灰浆输送泵	$3m^3/h$	222.95	227.59	
95	振冲器		238.87	271.04	
96	混凝土喷射机	$5m^3/h$	405.21	410.95	
97	钢筋调直机	14mm	37.25	40.36	

续表

序号	机械名称	规格型号	台班不含税单价（元）	台班含税单价（元）	附注
98	钢筋弯曲机	40mm	26.22	28.29	
99	钢筋切断机	40mm	42.81	47.01	
100	木工圆锯机	500mm	26.53	29.21	
101	木工压刨床	600mm单面	32.70	36.69	
102	牛头刨床	650mm	226.12	230.06	
103	龙门刨床	1000×3000	403.35	425.76	
104	钻头磨床		203.92	207.96	
105	立式钻床	25mm	6.78	7.64	
106	立式钻床	50mm	20.33	22.80	
107	摇臂钻床	50mm	21.45	24.02	
108	摇臂钻床	63mm	42.00	47.04	
109	管子切断机	60mm	16.87	18.09	
110	管子切断机	150mm	33.97	37.00	
111	管子切断机	250mm	43.71	47.94	
112	型钢剪断机	500mm	283.72	294.67	
113	剪板机	20×2500	329.03	345.63	
114	剪板机	20×4000	435.56	466.75	
115	剪板机	40×3100	626.38	681.59	
116	刨边机	12000mm	566.55	610.59	
117	板料校平机	16×2500	1184.23	1303.99	
118	钢板校平机		1117.56	1228.80	
119	多辊板料校平机	16×2500	1184.23	1303.99	
120	型钢矫正机		257.01	265.34	
121	套丝机	159mm	21.98	23.95	
122	弯管机	WC27-108	78.53	87.28	

续表

序号	机械名称	规格型号	台班不含税单价（元）	台班含税单价（元）	附注
123	内切割机		82.92	91.33	
124	砂轮切割机		66.65	73.51	
125	半自动割刀		88.45	98.59	
126	气割设备		88.45	98.59	
127	切管机	9A151	33.97	37.00	
128	半自动电焊机		88.45	98.59	
129	钢轨拉伸机		975.72	997.88	
130	冷挤压成型机		29.87	32.56	
131	电动多级离心清水泵	100mm 扬程120m以下	159.61	179.29	
132	电动多级离心清水泵	150mm 扬程180m以下	272.68	306.48	
133	电动单级离心清水泵	100mm	34.80	38.22	
134	电动单级离心清水泵	200mm	88.54	99.01	
135	泥浆泵	50mm	43.76	48.59	
136	泥浆泵	100mm	204.13	230.13	
137	污水泵	100mm	108.13	121.64	
138	污泥泵	100mm	204.13	230.13	
139	潜水泵	100mm	29.10	32.11	
140	潜水泵	$5m^3/h$	23.97	26.34	
141	潜水泵	$25m^3/h$	29.10	32.11	
142	气泵		59.76	66.43	
143	射流井点泵	9.50m	61.90	68.44	
144	液压注浆泵	HYB50 50-1型	219.23	239.00	
145	电焊机	32kV•A	87.97	98.06	
146	直流电焊机	20kW	75.06	83.12	
147	直流电焊机	32kV•A	92.43	102.77	

续表

序号	机械名称	规格型号	台班不含税单价(元)	台班含税单价(元)	附注
148	直流弧焊机	32kV•A	92.43	102.77	
149	交流电焊机	21kV•A	60.37	66.66	
150	交流电焊机	32kV•A	87.97	98.06	
151	交流电焊机	42kV•A	122.40	137.18	
152	交流电焊机	50kV•A	132.94	149.14	
153	交流弧焊机	32kV•A	87.97	98.06	
154	对焊机	75kV•A	113.07	126.32	
155	钢轨接续线电弧钎焊机组		693.08	747.09	
156	长轨铝热焊机组		335.15	365.38	
157	切割机		72.51	79.05	
158	风割机		118.15	128.81	
159	汽油发电机组	1.5kW	96.11	106.14	
160	汽油发电机组	10kW	170.14	189.26	
161	柴油发电机	50kW以内	515.22	577.57	
162	柴油发电机	60kW以内	526.87	590.59	
163	内燃空气压缩机	$3m^3/min$	227.44	252.20	
164	电动空气压缩机	$0.6m^3/min$	38.51	41.30	
165	电动空气压缩机	$1.0m^3/min$	52.31	56.92	
166	电动空气压缩机	$3m^3/min$	123.57	136.82	
167	电动空气压缩机	$6m^3/min$	217.48	242.86	
168	电动空气压缩机	$10m^3/min$	375.37	421.34	
169	内燃空压机洗井	$12m^3/min$	557.89	621.17	
170	工业锅炉	2t/h	1462.56	1610.12	
171	复合式土压平衡盾构机		4138.01	4511.26	
172	复合式泥水平衡盾构机		4384.81	4780.32	

续表

序号	机械名称	规格型号	台班不含税单价（元）	台班含税单价（元）	附注
173	履带式绳索抓斗成槽机		3425.79	3820.96	
174	履带式液压抓斗成槽机	KH180MHL-800	2813.95	3130.98	
175	盾构同步压浆泵	D2.1m×7m	661.09	708.49	
176	工程钻机	SPJ-300	421.49	459.51	
177	液压钻机	ϕ500以内	702.48	732.94	
178	液压钻机	G2A	702.48	732.94	
179	工程地质液压钻机		702.48	732.94	
180	水平钻机	ϕ300	934.62	1018.92	
181	轻便钻机	XJ-100	226.54	246.97	
182	反循环钻机	60P45A	2403.70	2681.00	
183	冲击钻机	22型（电动）	164.85	179.72	
184	锁口管顶升机		574.80	588.40	
185	轨道车	210kW以内	454.34	506.94	
186	超声波测壁机		91.40	100.79	
187	气压焊机组		279.09	304.26	
188	硅整流充电机	90A/190V	69.06	77.56	
189	热合机		73.71	80.36	
190	手提钻		27.80	30.31	
191	轴流通风机	7.5kW	42.17	46.69	
192	轴流通风机	30kW	139.30	156.72	
193	轴流通风机	100kW	428.01	484.57	
194	电焊条烘干箱	45cm×35cm×45cm	17.33	18.59	
195	组合烘箱		127.48	143.50	
196	铺轨机组		226.67	247.12	
197	中英文线号机		18.47	20.14	

附录四　混凝土、钢筋混凝土(构件)模板含量参考表

混凝土模板含量

每 $10m^3$ 混凝土

构筑物名称		模板面积(m^2)
沉井	刃脚	18.21
	框架	15.11
	井壁、隔墙	22.00
	底板	0.76
地下混凝土结构	底板(厚 0.6m 以内)	3.00
	底板(厚 0.6m 以外)	3.00
	墙(宽 0.5m 以内)	66.70
	墙(宽 0.5m 以外)	33.36
	衬墙	33.30
	柱	62.16
地下混凝土结构	梁(高 0.6m 以内)	56.66
	梁(高 0.6m 以外)	51.06
	平台、顶板(厚 0.3m 以内)	39.30
	平台、顶板(厚 0.5m 以内)	24.00
	平台、顶板(厚 0.5m 以外)	18.52
	楼梯	78.26
	电缆沟	39.00
	车道侧石	37.50
	弓形底板	0.88
	支撑墙	66.70

附录五　企业管理费、规费、利润和税金

一、企业管理费:

企业管理费是指施工企业组织施工生产和经营管理所需的费用,包括:

1.管理人员工资:是指按工资总额构成规定,支付给管理人员和后勤人员的各项费用。

2.办公费:是指企业管理办公用的文具、纸张、账表、印刷、邮电、书报、办公软件、现场监控、会议、水电、烧水和集体取暖降温(包括现场临时宿舍取暖降温)、建筑工人实名制管理等费用。

3.差旅交通费:是指职工因公出差、调动工作的差旅费、住勤补助费,市内交通费和误餐补助费,职工探亲路费,劳动力招募费,职工退休、退职一次性路费,工伤人员就医路费,工地转移费以及管理部门使用的交通工具的油料、燃料及牌照费。

4.固定资产使用费:是指管理和试验部门及附属生产单位使用的属于固定资产的房屋、设备、仪器等的折旧、大修、维修或租赁费。

5.工具用具使用费:是指企业施工生产和管理使用的不属于固定资产的工具、器具、家具、交通工具和检验、试验、测绘、消防用具等的购置、维修和摊销费。

6.劳动保险和职工福利费:是指由企业支付的职工退职金、按规定支付给离休干部的经费,集体福利费、夏季防暑降温、冬季取暖补贴、上下班交通补贴等。

7.劳动保护费:是企业按规定发放的劳动保护用品的支出,如工作服、手套、防暑降温饮料以及在有碍身体健康的环境中施工的保健费用等。

8.检验试验费:是指施工企业按照有关标准规定,对建筑以及材料、构件和建筑安装物进行一般鉴定、检查所发生的费用,包括自设试验室进行试验所耗用的材料等费用,不包括新结构、新材料的试验费,对构件做破坏性试验及其他特殊要求检验试验的费用和建设单位委托检测机构进行检测的费用,对此类检测发生的费用,由建设单位在工程建设其他费用中列支。但对施工企业提供的具有合格证明的材料进行检测不合格的,该检测费用由施工企业支付。

9.工会经费:是指企业按《工会法》规定的全部职工工资总额比例计提的工会经费。

10.职工教育经费:是指按职工工资总额的规定比例计提,企业为职工进行专业技术和职业技能培训,专业技术人员继续教育、职工职业技能鉴定、职业资格认定、安全教育培训以及根据需要对职工进行各类文化教育所发生的费用。

11.财产保险费:是指施工管理用财产、车辆等的保险费用。

12.财务费:是指企业为施工生产筹集资金或提供预付款担保、履约担保、职工工资支付担保等所发生的各种费用。

13.税金:是指企业按规定缴纳的城市维护建设税、教育附加、地方教育附加、房产税、车船使用税、土地使用税、印花税等。

14.其他:包括技术转让费、技术开发费、工程定位复测费、投标费、业务招待费、绿化费、广告费、公证费、法律顾问费、审计费、咨询费、保险费等。

企业管理费按分部分项工程费及可计量措施项目费中的人工费、机械费合计乘以相应费率计算，其中人工费、机械费为基期价格。企业管理费费率、企业管理费各项费用组成划分比例见下列两表。

企业管理费费率表

项目名称	计算基数	费率	
		一般计税	简易计税
管理费	基期人工费＋基期机械费（分部分项工程项目＋可计量的措施项目）	10.03%	9.92%

企业管理费各项费用组成划分比例表

序号	项目	比例	序号	项目	比例
1	管理人员工资	24.74%	9	工会经费	9.88%
2	办公费	10.78%	10	职工教育经费	10.88%
3	差旅交通费	2.95%	11	财产保险费	0.38%
4	固定资产使用费	4.26%	12	财务费	8.85%
5	工具用具使用费	0.88%	13	税金	8.52%
6	劳动保险和职工福利费	10.10%	14	其他	4.34%
7	劳动保护费	2.16%			
8	检验试验费	1.28%		合计	100.00%

二、规费：

规费是指按国家法律、法规规定，由政府和有关部门规定必须缴纳或计取的费用，包括：

1.社会保险费：

(1)养老保险费：是指企业按照规定标准为职工缴纳的基本养老保险费。

(2)失业保险费：是指企业按照规定标准为职工缴纳的失业保险费。

(3)医疗保险费：是指企业按照规定标准为职工缴纳的基本医疗保险费。

(4)工伤保险费：是指企业按照规定标准为职工缴纳的工伤保险费。

(5)生育保险费：是指企业按照规定标准为职工缴纳的生育保险费。

2.住房公积金：是指企业按照规定标准为职工缴纳的住房公积金。

规费＝人工费合计×37.64%

规费各项费用组成比例见下表。

规费各项费用组成划分比例表

序号	项目		比例
1	社会保险费	养老保险	40.92%
		失业保险	1.28%
		医疗保险	25.58%
		工伤保险	2.81%
		生育保险	1.28%
2	住房公积金		28.13%
	合计		100.00%

三、利润：

利润是指施工企业完成所承包工程获得的盈利。

利润＝(分部分项工程费合计＋措施项目费合计＋企业管理费＋规费)×利润率

利润中包含的施工装备费按附表比例计提，投标报价时不参与报价竞争。

地铁及隧道工程利润根据工程类别计算(利润率、工程类别划分标准见下列两表)。

地铁及隧道工程利润率表

项目名称	计算基数	费率			
		一般计税		简易计税	
		一类	二类	一类	二类
利润	分部分项工程费＋措施项目费＋管理费＋规费	8.40%	7.40%	8.00%	7.00%
其中：施工装备费		3.60%	3.20%	3.40%	3.00%

地铁及隧道工程类别划分标准

工程项目	划分标准	类别
地铁工程		一类
隧道工程	直径≥1200mm	一类
	直径＜1200mm	二类

四、税金：

税金是指国家税法规定的应计入建筑工程造价内的增值税销项税额。税金按税前总价乘以相应的税率或征收率计算。税率或征收率见下表。

税率或征收率表

项 目 名 称	计 算 基 数	税 率 或 征 收 率	
		一 般 计 税	简 易 计 税
增值税销项税额	税前工程造价	9.00%	3.00%

附录六　工程价格计算程序

一、地铁及隧道工程施工图预算计算程序：

地铁及隧道工程施工图预算，应按下表计算各项费用。

施工图预算计算程序表

序　号	费　用　项　目　名　称	计　算　方　法
1	分部分项工程费合计	Σ（工程量×编制期预算基价）
2	其中：人工费	Σ（工程量×编制期预算基价中人工费）
3	措施项目费合计	Σ措施项目计价
4	其中：人工费	Σ措施项目计价中人工费
5	小　计	(1)+(3)
6	其中：人工费小计	(2)+(4)
7	企业管理费	（基期人工费+基期机械费）×管理费费率
8	规　费	(6)×37.64%
9	利　润	[(5)+(7)+(8)]×相应利润率
10	其中：施工装备费	[(5)+(7)+(8)]×相应施工装备费费率
11	税　金	[(5)+(7)+(8)+(9)]×税率或征收率
12	含税造价	(5)+(7)+(8)+(9)+(11)

注：基期人工费=Σ（工程量×基期预算基价中人工费）。
　　基期机械费=Σ（工程量×基期预算基价中机械费）。

二、建筑安装工程费用项目组成(见下图):

- 建筑安装工程费
  - 人工费
    - 1.计时工资或计件工资
    - 2.奖金
    - 3.津贴、补贴
    - 4.加班加点工资
    - 5.特殊情况下支付的工资
    - 6.生产工具用具使用费
  - 材料费
    - 1.材料原价
    - 2.运杂费
    - 3.运输损耗费
    - 4.采购及保管费
  - 施工机具使用费
    - 1.施工机械使用费
      - ①折旧费
      - ②检修费
      - ③维护费
      - ④安拆费及场外运费
      - ⑤人工费
      - ⑥燃料动力费
      - ⑦税费
    - 2.仪器仪表使用费
  - 企业管理费
    - 1.管理人员工资
    - 2.办公费
    - 3.差旅交通费
    - 4.固定资产使用费
    - 5.工具用具使用费
    - 6.劳动保险和职工福利费
    - 7.劳动保护费
    - 8.检验试验费
    - 9.工会经费
    - 10.职工教育经费
    - 11.财产保险费
    - 12.财务费
    - 13.税金
    - 14.其他
  - 利润
  - 规费
    - 1.社会保险费
      - ①养老保险费
      - ②失业保险费
      - ③医疗保险费
      - ④工伤保险费
      - ⑤生育保险费
    - 2.住房公积金
  - 税金(增值税销项税额)

建筑安装工程费用项目组成图